Erich Fuchs

Wie hätten Sie entschieden?

Fünf Erzählungen

Erich Fuchs

Wie hätten Sie entschieden?

Fünf Erzählungen

Rediroma-Verlag

Bibliografische Information der Deutschen Nationalbibliothek:
Die Deutsche Nationalbibliothek verzeichnet diese Publikation in der Deutschen Nationalbibliografie; detaillierte bibliografische Daten sind im Internet über http://portal.dnb.de abrufbar.

ISBN 978-3-98527-043-9

www.rediroma-verlag.de
7,95 Euro (D)

Selbstverständlich gibt es Ereignisse, die von Autoren selbst erlebt worden sind und dann wahrheitsgetreu wiedergegeben werden – oder zumindest von diesen als „wahr“ empfunden werden.

Der Großteil der Literatur stammt jedoch aus kreativen Einfällen, die dann zwar der Realität nicht entsprechen, aber sehr oft als „wahr“ gelten könnten.

Meine fünf Erzählungen gehören zu den letzteren.

Viel Vergnügen!

Inhalt

DIE SCHÜSSEL

Antons Kortners Geburtstag, ein runder, der vierzigste, war erst im November fällig und auch seine Frau Barbara hatte ihren fünfunddreißigsten heuer schon. Es gab also keinen besonderen Anlass, warum am heutigen Sonntag Anton und Barbara ihre Freunde zu einem Grill eingeladen hatten – oder vielleicht doch, denn die Wettervorschau hatte herrlichen Sonnenschein versprochen und sie wollten wieder einmal in gemütlicher Zusammenkunft mit langjährigen Bekannten einen angenehmen Nachmittag verbringen. Diesen schönen Sommertag wollten sie nicht ungenützt vorüberziehen lassen.

Christian und Silvia Perwald, die mit ihren drei Kindern erst vor zwei Tagen braun gebrannt von ihrem Italienurlaub zurückgekehrt waren, hatten angefragt, ob sie zum Grillnachmittag irgendwelche Zutaten beisteuern könnten, was aber von den Kortners, mit dem Ersuchen, sie mögen nur frohe Laune mitbringen, vehement abgelehnt wurde.

Christian war Autoverkäufer und da die Kortners vor einigen Jahren einen neuen Wagen angeschafft hatten, der ihnen von Christian angepriesen wurde, kamen sie ins Gespräch, fanden einander sympathisch, vereinbarten ein Treffen und es entstand seither zwischen den beiden Familien eine Freundschaft, die nicht besser sein könnte.

Silvia, Christians Frau, arbeitete halbtags als Buchhalterin in einem Betrieb für Installationen von Badezimmern und Sanitärtechnik. Sonst war sie mit den drei Kindern voll ausgelastet.

Gerhard Lasker, ein Jugendfreund von Anton, den er schon seit Schultagen kannte, und seine Gattin Clara, gehörten ebenfalls zu den geladenen Gästen. Gerhard war ein sehr enger Freund von Anton. Sie gingen nicht nur in der Schule in dieselbe Klasse, sondern unternahmen in ihrer Jugend viele gemeinsame Aktivitäten und absolvierten auch später mitsammen an der Universität das Studium der Informationstechnik. Als sie dann ihre Partner heirateten, fungierten sie einander sogar als Trauzeugen.

Clara, Gerhards Frau, hatte eine leitende Stelle in einer Rechtsanwaltskanzlei.

Anton hatte alles für den Grill vorbereitet: den Gasgrill gereinigt, Tische und Sesseln im Garten vom Staub befreit, Sonnenschirme aufgespannt und Gläser für die Getränke bereitgestellt. Barbara hatte das Fleisch gewürzt, verschiedene Salate zubereitet und den Tisch gedeckt. Man wartete guten Mutes auf die Gäste.

Es läutete, Anton öffnete die Tür und draußen stand Gerhard mit einer Flasche Sauvignon Blanc in der Hand.

„Hallo, Gerhard! Komm weiter! Wo ist Clara?"

„Clara hat noch etwas Wichtiges in der Kanzlei zu erledigen. Keine Ahnung, was … In dieser Anwaltskanzlei sind immer wieder spontan auftretende Sachen fertigzustellen. Sie hat aber gesagt, sobald sie so weit ist, wird sie nachkommen. Sie hat das Auto. Ich bin mit dem Bus gekommen."

„Komm rein! Christian und Silvia sind noch nicht da."

„Hallo, Barbara!", rief Gerhard, als er Barbara erblickte. „Wie geht's? Danke für die Einladung. Dein Sommerkleid ist sehr hübsch!"

„Oh, danke, Gerhard!"

Barbara wandte sich Anton zu: „Geh, Toni, frag deinen Freund, was er gerne trinken möchte!"

„Gerry, wie schaut's aus? Ein Bierchen gefällig?"

„Ja, warum nicht? Heute ist so ein heißer Tag. Trinkst du eins mit mir?"

„Na klar. Mach es dir bequem, im Schatten ist es angenehm. Bier kommt gleich."

Während Anton das Bier einschenkte, läutete die Türglocke. Barbara ging, um zu öffnen. Vor der Tür standen Christian und Silvia.

„Hallo Barbara!", kam es fast unisono von Silvia und Christian, wobei Christian Barbara eine Schachtel Cantuccini mit den Worten „direkt aus Rimini" überreichte.

„Oh, vielen Dank, ich danke euch! Kommt weiter. Gerhard ist schon hier. Wo sind denn eure Kinder?"

„Lisa ist bei einer Freundin – die haben dort einen Pool. Und die Buben sind am Computer; du weißt ja, wie das ist. Die kriegst du auch bei diesem schönen Wetter nicht hinaus."

„Ja, ich weiß. Unser Thomas ist gottlob heute mit seinem Freund im Schwimmbad. Sonst sitzt er auch immer vor dem Kastl."

Nach allgemeiner Begrüßung bot Anton seinen Gästen Getränke an und forderte Christian auf, ihnen von ihrem Urlaub zu erzählen.

„Wir sind mit dem Auto zuerst nach Innsbruck gefahren, wo wir zwei Tage blieben. Dort stand eine Seilbahnfahrt auf das Hafelekar in unserem Programm. Dann ging es weiter hinunter nach Italien mit weiteren zwei Tagen Unterbrechung am Gardasee."

„In Bardolino haben wir uns ein Elektroboot geliehen", unterbrach Silvia. „Das hat uns allen viel Spaß gemacht. Die Kinder durften abwechselnd ‚Kapitän' spielen."

„Dann ging es weiter nach Rimini, zu unserer eigentlichen Urlaubsdestination“, setzte Christian fort. „Hier sind wir zwei Wochen in einem Strandhotel geblieben, das wir schon von zu Hause vorgebucht hatten.“

„Zwei Wochen am Strand faulenzen ... ist euch da nicht langweilig geworden?“, wollte Gerhard wissen.

„Nein, nein, so schlimm war das gar nicht“, setzte Silvia fort. „Die Kinder hatten Spaß am Strand, auf der Uferpromenade war immer was los und abends gab es zwei Discos zur Auswahl. Lisa hat sogar einen italienischen Verehrer gefunden, von dem sie heute noch schwärmt. Ja, und dann haben wir einen Ausflug hinauf nach San Marino gemacht. Das war auch sehr schön. Das Wetter passte, wie ihr an unserer Bräune sehen könnt.“

„Auf der Heimfahrt gab‘s dann noch einen dreitägigen Stopp in Venedig“, erwähnte Christian. „Mit den Kindern waren wir noch nie dort – und das wollten wir uns nicht entgehen lassen. Diese romantische Stadt mit ihren vielen kleinen Wasserstraßen; es war herrlich! Zwar voll mit Touristen, kitschig, aber ... dennoch wunderschön. Die Kinder wollten unbedingt eine Gondelfahrt machen. Und ja, das konnten wir ihnen nicht verwehren.“

Nach einer halben Stunde angeregter Plauderei brachte Barbara das Grillgut in einer großen Schüssel aus der Küche und wollte wissen: „Sollen wir noch warten, bis Clara kommt, oder seid ihr schon hungrig?“

„Nein, nein“, warf Gerhard ein. „Wer nicht kommt zur rechten Zeit ... wir brauchen nicht warten!“

Doch kaum hatte er ausgesprochen, klingelte es und Clara stand mit rotem Kopf vor der Tür.

Barbara öffnete und sagte: „Hallo Clara, es freut mich, dass du es doch noch geschafft hast, wir wollten soeben mit dem Grillen beginnen.“

„Oh, tut mir leid, Bärbl … aber ich konnte nicht früher weg. Eine wichtige Sache in der Kanzlei.“

„Spielt keine Rolle. Du bist ja ganz verschwitzt! … möchtest du etwas trinken?“

„Ja, bitte. Ein Glas Mineralwasser, wenn du hast?“

„Natürlich! Komm nur rein! Wir sind im Garten. Silvia und Christian sind auch da.“

Während Barbara Mineralwasser brachte, umarmte und begrüßte Clara die Anwesenden, doch als sie bei Gerhard anlangte, raunte er ihr zu: „Musstest du gerade heute noch in die Kanzlei?“

Und lauter, als sie es wollte, antwortete ihm Clara: „Ja, musste ich, wollte ich! Sonst bist du es immer, der mit deiner Firma verheiratet ist! Also!“

Nachdem darauf betretenes Schweigen die Freunde erfasste, lockerte Anton die Stimmung wieder auf, indem er in die Runde rief: „Da wir jetzt alle hier sind, können wir mit dem Grillen beginnen. Bärbl, bitte reich mir die große Schüssel mit dem Fleisch!“

„Hier, Toni! Es war eine gute Idee, diese Schüssel von Clara zu leihen.“

Und zu Cara gewandt sagte Barbara: „Danke, Clara. Sobald wir die Schüssel nicht mehr brauchen, bringe ich sie dir zurück!“

„Kein Problem. Du kannst sie mir bei Gelegenheit bringen; momentan brauche ich sie nicht.“

Anton begann, Fleisch und Würstchen auf den Grill zu legen, Barbara stellte Salat und Würzsoßen auf den Tisch und zwei Flaschen Wein wurden geöffnet. Angenehmer Geruch von gegrilltem Fleisch verbreitete sich. Bald bat Barbara die Gäste zu Tisch und Anton meinte: „Danke, dass ihr den Nachmittag mit uns verbringt; es ist nett mit euch wieder mal zu plaudern."

„Ja", sagte Gerhard, „ich bin oft beruflich unterwegs und deshalb freut es mich besonders, dass ich euch heute treffen konnte. Am Donnerstag bin ich in Berlin bei einem Meeting, das bis folgenden Dienstag dauert. Stressig, aber die Arbeit geht vor! Toni, du weißt ja, wie das in unserer Branche ist: Halbe Sachen gibt es nicht."

„Komm, Gerry, relax! Heut' wollen wir nicht über Arbeit sprechen", sagte Anton. „Schau, ich hab' da einen sehr guten Obstbrand, den solltest du kosten!"

„Gut, Toni, aber erst nach dem Essen."

Mittlerweile hatte Barbara ihren Gästen Fleisch und Würstchen angeboten und jeder griff herzhaft zu. Anton übernahm das Nachfüllen der Gläser.

Gelächter erregende Begebenheiten aus Politik und Alltag wurden unter lockerer Plauderei ausgetauscht. Die Zungen waren durch den Konsum von Alkohol gelöst und die Stimmung konnte nicht besser sein.

Die Sonne senkte sich langsam und angenehme Kühle leitete den Abend ein.

„Wer möchte … es gibt noch Eis", sagte Barbara und kam mit einer großen Styropor-Kühlbox und einem Tablett von Eisgläsern aus der Küche. „Schoko, Vanille oder Früchte-Eis? Oder mag jemand Kaffee? Ich habe diesen guten selbstgekauften Apfelstrudel … direkt aus der Konditorei. Mein Versuch, den Strudelteig selbst zu ziehen, endete im Chaos. Bitte, greift zu!"

Silvia griff sich ein Stück Strudel und sagte: „Da kann ich nicht widerstehen. Mit dem Vanille-Eis schmeckt er besonders gut."

„Hey, Toni", kam es von Christian, „du hast doch etwas von einem Obstbrand gefaselt. Wie schaut es damit aus?"

„Oh ja, … den hätt' ich bald vergessen … kommt sofort!"

Mit Schnapsgläsern und der Flasche in der Hand kam Anton aus der Küche zurück und füllte für Christian und Gerhard je ein Glas.

„Wer möchte noch etwas trinken?", fragte Anton und präsentierte die Flasche Obstbrand. „Oder darf es etwas Sanfteres sein?"

„Für mich bitte einen Orangensaft", erbat sich Silvia.

„Ich hätte auch gerne so einen Obstbrand, Toni," sagte Clara. „Ich denke, ich brauch den heute … ich glaub, der tut mir gut."

„Clara, trink nichts mehr, du bist mit dem Auto hier!", ermahnte Gerhard.

„Ach was! Da hast du den Autoschlüssel. Ich nehme ein Taxi. Ich hätte noch gerne einen Schnaps!"

„Clara", sagte Barbara, „glaubst du nicht, dass es gescheiter wäre, wenn du heute keinen Alkohol mehr trinkst? Du hast schon einige Gläser Wein getrunken. Ich gönne es dir ja, aber denk doch nach, … sei vernünftig!"

Es bedurfte einiger Überredung, Clara von ihrem Vorhaben abzubringen, bis sie schließlich einwilligte, mit Gerhard nach Hause zu fahren.

Unter Dankesreden für den netten Grillnachmittag und mit dem Versprechen, sich bald wiederzusehen, kam es für die Gäste zum allgemeinen Aufbruch.

Einige Tage später; es war Freitag nach Arbeitsschluss. Barbara und Anton waren ins große Einkaufszentrum gefahren, um ihre Einkäufe für das kommende Wochenende zu machen. Das Zentrum war, wie üblich, recht gut besucht und als sie zwischen den hin und her laufenden Menschen in Richtung Merkur-Markt strebten, kamen sie an der Konditorei vorbei, die einige Tischchen im Außenbereich hatte. Und hier, an einem dieser Tischchen saß, mit dem Gesicht ihnen zugewandt, Clara. Ihr gegenüber befand sich ein eleganter Herr im dunklen Anzug.

Als Barbara Clara erblickte, stieß sie Anton an und sagte zu ihm: „Schau, dort ist Clara! Lass uns kurz Hallo sagen!“

Sie gingen auf Clara zu, die ihrerseits bereits Barbara und Anton gesehen hatte.

„Hallo Clara“, grüßte Barbara, worauf Clara zurückgrüßte, sich erhob und sagte: „Darf ich bekannt machen: Dr. Paul Weller, mein Vorgesetzter in der Anwaltskanzlei.“

Und zu ihrem Gegenüber sagte sie: „Meine langjährigen Freunde, Barbara und Anton Kortner.“

Nachdem sie einander die Hände geschüttelt hatten, fragte Clara: „Wollt ihr euch zu uns setzen? Wir können zwei Stühle organisieren.“

„Oh, sehr nett, aber … nein, danke“, antwortete Barbara, „wir müssen unsere Besorgnisse erledigen. – Jedenfalls, lass Gerry von uns grüßen!“

Mit den Worten von Clara, „werde ich ihm ausrichten! Er kommt am Dienstag wieder heim“, verabschiedeten sie sich.

Am nächsten Tag, es war ein wunderschöner Sonntag, beschlossen Anton und Barbara ein Picknick beim nur zirka vierzig Kilometer entfernten Waldsee zu machen. Ihr Sohn, Thomas, wollte nicht mitkommen, sondern zog es vor, sich mit zwei Freunden ein Fußballspiel der zweiten Liga anzusehen.

Sonnencreme und Sonnenbrillen standen bereit, Badesachen waren eingepackt, denn ein Eintauchen im kleinen Waldsee bot bei diesen Sommertemperaturen angenehme Abkühlung. Während Anton den Picknickkorb, gefüllt mit Speis und Trank, im Auto verstaute, kam Barbara die Idee: „Toni, ich hab noch diese Glasschüssel von Clara. Auf unserem Weg zum Waldsee kommen wir direkt am Haus der Laskers vorbei. Wenn wir kurz anhalten, kann ich Clara die Schüssel gleich zurückgeben."

„OK, kein Problem, Schatz, nimm die Schüssel mit!"

Barbara holte die Schüssel, legte sie auf den Rücksitz neben den Picknickkorb und los ging's. In wenigen Minuten erreichten sie das Haus der Laskers. Anton hielt an und Barbara ging mit der Schüssel zur Eingangstür. Einiges Erstaunen befiel Barbara, als sie den schwarzen Mercedes auf der Zufahrt zur Garage sah, denn sie war sich sicher, dass die Kortners einen dunkelblauen BMW besaßen. Barbara klingelte an der Tür. Keine Antwort, keine Reaktion! Nach dreimaligem Läuten drehte sich Barbara um und war im Begriff, zurück zum Auto zu gehen, als sie plötzlich Schritte hinter der Tür vernahm. Die Tür wurde geöffnet und Clara stand, in einen Bademantel gehüllt, im Flur. Etwas weiter hinten konnte Barbara einen Mann, halbnackt, nur mit einem Handtuch bedeckt, sehen. Sie erkannte sofort: Es war jener Mann, den sie im Einkaufszentrum mit Clara gesehen hatten. Einige Minuten herrschte betretenes Schweigen, bis Clara raunte: „Momentan … nicht sehr günstig. Bitte, Bärbl, versprich … Diskretion … Gerry soll davon nichts …“

Barbara hielt Clara die Glasschüssel hin und sagte: „Ok, ok. Ich hoffe, du weißt, was du tust, ich sage nichts. Ich wollte dir nur die Schüssel zurückbringen. Danke!“ Sie drehte sich um und ging zurück zum im Wagen warteten Anton.

Barbara musste recht verstört gewirkt haben, denn Anton schaute sie von der Seite an und fragte: „Hey, Schatz, was ist los? Ist irgendwas?“

Und dann erzählte sie Anton, was sie soeben erlebt hatte. Anton konnte es nicht fassen, nicht glauben. Das geplante entspannende Picknick wurde zu einem regen Meinungsaustausch. Wie sollten sie sich verhalten?

Gerhard war der beste Freund von Anton, ein jahrelanger getreuer Gefährte, mit dessen Vertrauen er immer rechnen konnte. Sollte er Gerhard die Affäre seiner Gattin vor Augen führen; ihn warnen? Oder darüber schweigen, nach dem Motto: Was er nicht weiß, macht ihn nicht heiß! Was aber, wenn Gerhard später erfahren würde, dass Anton davon gewusst und ihm nichts erzählt hat? Das freundschaftliche Vertrauen wäre für immer zerstört.

Barbara war eine gute Freundin von Clara. Was sollte sie tun? Barbara hatte Clara versprochen, Gerhard nichts von der Untreue seiner Frau zu erzählen. War es nur ein vorübergehendes sexuelles Abenteuer von Clara mit ihrem Chef; oder eine generelle Unzufriedenheit in ihrer Ehe?

Weder Anton noch Barbara wollte sofort eine Entscheidung treffen. Sie wussten, am Dienstag würde Gerhard von seiner Geschäftsreise zurückkommen. Bis dahin gaben sie sich Zeit.

Am Montag diskutierten sie noch ausführlich und kamen zum gemeinsamen Entschluss, dass sie ...

Und? … Wie hätten Sie entschieden?

DAS GESTÄNDNIS

Es war eine wunderbare Woche. Traumhaft feiner Pulverschnee auf den Pisten, frische Luft und viel Sonnenschein brachten die ersehnte Erholung. Eine Woche Winterurlaub mit unseren guten Freunden Alois und Emma ging zu Ende. An unserem letzten Abend in diesem schönen Hotel saßen wir nach dem Abendmahl in der Lounge und ließen bei Drinks mit anregenden Gesprächen den Tag ausklingen. Nebenher lief ein über der Bar montiertes Fernsehgerät, wobei wir dem Programm keine spezielle Beachtung schenkten. Als aber die Abendnachrichten gesendet wurden, erweckten sie doch unsere Aufmerksamkeit. Nach einigen politischen Ankündigungen über geplante Steuersenkungen und deren positive Auswirkungen auf alle Schichten der Bevölkerung schwenkte die Berichterstattung zu Tagesereignissen, wobei über eine Vergewaltigung einer jungen Frau ein erschütternder Beitrag gebracht wurde, der, auf allgemeine Empörung hin, Alois zu der Aussage hinreißen ließ: „Der Schniedel gehört diesem Schwein abgeschniedelt! Ich weiß nicht recht, ... aber sollte man nicht für diese Bestien die Todesstrafe geltend machen? Das Menschenrecht sagt zwar, dass die Würde des Menschen unantastbar sei, aber sind diese Vergewaltiger und Serienmörder noch als Menschen zu bezeichnen, wenn nur ihr Körper einem Menschen ähnlich ist und ihr Geist einer tierischen Bestie gleicht?“

Emma und auch Paula, meine Frau, erregten sich über die niederträchtige Tat des Vergewaltigers so sehr, dass sie Alois zustimmten. Als ich diese Bemerkungen hörte, schoss mir die Begebenheit durch den Kopf, die mich seit einer Woche beschäftigte, mich nicht ganz losließ und bei meiner Rückkehr nach Wien zu einer Entscheidung zwingen wird.

Seit zirka zwei Jahren führe ich eine gutgehende Psychotherapie-Praxis und engagiere mich nebenher als ehrenamtlicher Sterbebegleiter in einem Hospiz.

Und nun tat ich etwas, das ich sonst immer zu vermeiden versuchte: Ich erzählte meinen Freunden aus meiner beruflichen Praxis.

„Am Vortag zu unserem Urlaubsantritt wurde ich ins Hospiz zu einem Mann gerufen. Bitte verzeiht mir, wenn ich seinen Namen aus ethischen Gründen nicht bekannt gebe, aber der Respekt gebietet es, ihn anonym zu halten. Na gut, um ihm einen Namen zu geben, nennen wir ihn Martin. Also, sein Körper war durch einen unheilbar fortschreitenden Krebs derart geschwächt, dass sein Ableben in absehbarer Zeit bevorstand. Allerdings zeigte er keinerlei Anzeichen von Verwirrtheit; sein Verstand war völlig klar. Meine Aufgabe bestand nun darin, ihn angstfrei auf seinen bevorstehenden Tod vorzubereiten. Doch bevor ich noch zu sprechen begann, ergriff er das Wort und sagte mir folgendes, was ich euch nun erzählen möchte:

‚Hallo Doktor! Ich weiß, ich weiß; es geht nicht mehr lange. Also bitte, kein Schönreden! Ich werde schmerzfrei gehalten, ich habe mein Leben gelebt; das Ende ist nicht mehr weit, ich weiß, keine Sorge. Doch bevor ich abtrete, möchte ich noch etwas loswerden; etwas, das ich noch niemandem anvertraut habe. Bitte, Doktor, leihen Sie mir Ihr Ohr; bitte, hören Sie mir zu!‘

Dann schloss er seine Augen, holte tief Luft und begann zu erzählen:

‚Wir waren sehr jung als wir uns kennenlernten; Lena und ich. Wir verliebten uns und heirateten – und bald wurde unsere Tochter Jennifer geboren. Meine Frau suchte den Namen aus – und Jenny war unser ein und alles. Sie wuchs prächtig heran, ein aufgewecktes Mädchen mit schönem Gesicht und blonden Locken. Immer freundlich, fröhlich und vergnügt. Sie war eine eifrige Schülerin, brachte gute Noten nach Hause und war auch im Gymnasium bei ihren Mitschülern beliebt. Sie machte uns in der Pubertät keine Schwierigkeiten. Ja, vielleicht Kleinigkeiten, Mädchenflausen, aber nichts Ernstes. Da sowohl Lena als auch ich einer Vollzeitbeschäftigung nachgingen, ließen wir Jenny vertrauensvoll ihre Freizeit gestalten. Und sie enttäuschte uns nicht. Mutter und Tochter hatten ein recht enges Verhältnis und – soviel ich weiß – auch kaum Geheimnisse voreinander.‘

Ein röchelnder Husten ließ ihn kurz anhalten, bevor er fortsetzte.

‚Ja, … es war dann … sie war noch nicht siebzehn; ja, es war im Frühsommer kurz vor ihrem Geburtstag. Brigitte, eine von Jennys Schulfreundinnen, hatte zu einer Party eingeladen. Wir beide, Lena und ich, hatten nichts dagegen; das muss ich betonen, denn Lena hat mir später vorgeworfen, ich wäre zu wenig strikt gewesen. Es waren doch noch andere Burschen und Mädchen von Jennys Schule dort; warum hätte ich es ihr verbieten sollen? Die Party verlief gut; es wurde Musik gespielt; ein wenig getrunken; gealbert, ja, junge Teenager eben, die sich vergnügten. So war es, wie ich später erfuhr. Nein, nein, es war nicht die Party, die die Katastrophe auslöste.‘

Ein neuerlicher Hustenanfall plagte Martin. Tränen traten in seine Augen, bis er weitererzählte.

‚Die Party ging dem Ende zu. Die ersten Gäste verließen das Fest. Helmut, der Schulkollege von Jenny, und dessen neunzehnjähriger Bruder, waren mit dem Auto zur Party gekommen und boten nun Jenny an, sie nach Hause zu fahren. Helmut und Franz waren doch nette Burschen. Jenny empfand es als besonders galant, vom gut aussehenden Franz nach Hause chauffiert zu werden. Ohne Argwohn stieg sie in den Wagen. Ein verhängnisvoller Fehler, wie sie bald erkennen musste.‘

Martin verzerrte sein Gesicht und biss sich auf die Lippen. Ich wusste nicht, was ich sagen sollte, und wartete deshalb, bis er unter Tränen weitererzählte.

‚Franz fuhr … aber nicht in unsere Richtung … nein, er steuerte, zu Jennys Verwunderung, auf den Parkplatz der nun schon geschlossenen Schwimmhalle zu. Auf dem Parkplatz befanden sich keine anderen Autos mehr. Franz hielt an und beide Burschen stiegen aus. Als Jenny, nun misstrauisch, wissen wollte, was das solle, bekam sie keine Antwort. Franz zog sie vom Beifahrersitz. Jenny schrie ihn an und als sie sich wehrte, schlug er brutal mit der Faust zu, bis Blut über ihre Lippen rann. Helmut hielt die Tür zum Fond offen, während Franz Jenny auf den Rücksitz stieß … und … sie konnte keinen Widerstand mehr leisten. Er war stärker. Er … er verging sich an ihr.‘

Eine lange Pause, die ich geduldig abwartete, brauchte es, bis Martin, unter geballter Faust seiner dünnen Arme, mit zitternder Stimme fortsetzte.

‚Sie warfen Jenny, halb nackt, dort am Parkplatz, mitten in der Nacht, aus dem Auto … und fuhren weg. Jenny erklärte später, dass sie selbst nicht genau wusste, wie sie halb laufend, halb stolpernd nach Hause kam.

Lena und auch ich schliefen noch nicht, denn wir machten uns Sorgen um unsere Tochter, da es nun schon um vieles später als das geplante Ende der Party war. Ein Anruf übers Handy blieb unbeantwortet. Und dann hörten wir den Schlüssel in der Tür und wussten – und glaubten –, dass alles in Ordnung sei. Jenny verschwand sofort in ihrem Zimmer, aber meine Frau, aus Neugier oder Sorge, wollte noch wissen, ob Lena die Party genossen hatte und warum sie erst jetzt, so spät in der Nacht, daheim eintraf. Lena klopfte an Jennys Zimmertür. Keine Reaktion, kein Ton. Als nach wiederholtem Klopfen keine Antwort kam, öffnete Lena die Tür und fand Jenny, noch voll bekleidet, mit dem Gesicht in die Polster gedrückt, weinend auf dem Bett liegen.

Ich hörte Lena rufen, schreien, und kam herbeigerannt. Und sah Jennys Gesicht: geschwollen und blau vor Prellungen. Unter Tränen und immer wieder durch bitterliches Schluchzen unterbrochen, berichtete Jenny, was man ihr angetan hatte.

Polizei, ja Polizei! Das war es sofort, was mir in den Sinn kam. Jenny sträubte sich und wollte jetzt mitten in der Nacht nicht mehr aus dem Zimmer gehen, aber wir konnten sie schließlich überzeugen, dass wir eine Anzeige machen mussten. Wir packten sie in unser Auto und fuhren zur nahegelegenen Polizeistation, wo Jennys Aussage aufgenommen wurde. Da Jenny den Namen und die ungefähre Adresse ihres Mitschülers wusste, fanden die Beamten recht schnell die Bleibe des Brüderpaars heraus und schickten sofort eine Streife zu deren Wohnung. Wir wurden aufgefordert, unverzüglich mit Jenny ins Spital zu fahren. Bei der gründlichen Untersuchung zeigte sich die Ärztin entsetzt über die besondere Brutalität der Vergewaltigung. Franz und Helmut wurden noch in der Nacht aus den Betten geholt, festgenommen und angeklagt.

Es kam zur Verhandlung. Jenny wurde erspart, den Burschen Aug in Aug gegenübertreten zu müssen. Franz fasste eine Gefängnisstrafe von zwei Jahren und sechs Monaten wegen Vergewaltigung aus. Helmut, da er jünger war und da man ihm nur die unterlassene Hilfeleistung beim Missbrauch anlasten konnte, kam sogar mit einer bedingten Strafe davon. In den Medien fand sich nur eine kleine Notiz. Ich konnte diese milden Urteile nicht nachvollziehen. Wie gibt es sowas?

Jenny war noch eine Woche zu Hause, bevor sie ans Gymnasium zurückkehrte. Sie erzählte uns, dass sie in der Klasse ganz eigenartig empfangen wurde. Als sie eintrat, verstummten plötzlich alle Mitschüler. Was ihr zugestoßen war, hatte sich herumgesprochen. Niemand wagte, sie anzusprechen. Glücklicherweise war Helmut vom Gymnasium geflogen und Jenny musste ihn dort nicht mehr sehen. Dennoch ging es ihr nicht gut: Sie schlief schlecht und hatte unkontrollierbare Weinkrämpfe. Und dann tauchten Nachrichten auf ihrem Handy auf. Mobbing mit Ansagen wie: *Wundert es dich, du hast ihn ja provoziert!* und: *Gib's zu, du wolltest es ja selbst!* oder: *Geschieht dir recht, du Schlampe, was hast du von den Männern im Auto erwartet?*

Es war einfach ekelhaft. Jenny zeigte uns diese Mails, doch wir konnten nicht eruieren, wer sie geschrieben hatte. Von Tag zu Tag wurde unsere sonst so fröhliche Tochter deprimierter, verschlossener. Dann kam der Montagmorgen …‘

Martin stoppte, fuhr sich mit beiden Händen über das Gesicht und bedeckte seine Augen. Es lag Spannung in der Luft, denn er wollte etwas sagen, etwas, mit dem er rang, es auszusprechen. Ich blickte auf seinen mageren Körper … und wartete. Doch plötzlich, wie elektrisiert, öffnete er seinen Mund und rief:

‚Ich fand Jenny. Am Fensterhaken. Leblos. Dok, Dok, … können Sie sich das vorstellen? Ihr junges Leben erloschen. Schrecklich!‘

Martin sah mich an und ich wusste nicht, was ich sagen sollte; ich wusste nicht mal, ob ich etwas sagen sollte. Plötzlich war all meine universitäre Ausbildung wie weggeblasen. Zum Glück setzte Martin, nachdem er sich mit der Hand über die Augen wischte, seine Erzählung fort.

‚Jenny, unsere geliebte Tochter war tot. Das Begräbnis fand am Zentralfriedhof im Beisein ihres Klassenvorstands und der gesamten Belegschaft der Mitschüler statt. Wahrscheinlich befanden sich auch jene Mobbing-Arschlöcher unter ihnen. Es war einfach schrecklich; … unerträglich!

Und plötzlich war eine Leere bei uns im Haus. Das fröhliche Lachen von Jenny fehlte uns sehr. Die Stimmung zwischen Lena und mir kippte; immer wieder kamen gegenseitige unterschwellige Anschuldigungen über die Erziehung von Jenny an die Oberfläche. Hatte ich Mitschuld an Jennys Tod? Selbstzweifel plagten mich. Wir stritten uns wegen jeder Kleinigkeit und entfernten uns mehr und mehr. Lena ging auf Abstand. Zärtlichkeiten und Intimitäten gingen verloren. Drei Jahre später lief das Fass über: nach einem heftigen Streit – ich weiß gar nicht, ob es ein Streit oder bloß eine Meinungsverschiedenheit war – jedenfalls, Lena erklärte mir, sie könne so nicht weitermachen, sie möchte die Scheidung.

Und dann war es so weit: Tochter tot, Frau weg! Ich war allein. Frustriert und hasserfüllt auf mein Schicksal, auf die ganze Welt.‘

Eine Schwester kam vorbei, bot Martin zwei Tabletten an und stellte ein frisches Glas Wasser auf das Tablett. Als sie das Zimmer verließ, richtete ich Martin das Kissen zurecht. Nun hob er, wie warnend seine rechte Hand und begann weiterzuerzählen.

‚Ich glaube, … ja, es waren ein, zwei Monate nachdem Lena mich verlassen hatte, als ich zum Einkaufszentrum bei uns in der Nähe ging, um meine Lebensmittel aufzustocken. Nach dem Einkauf setzte ich mich in dem kleinen Café an ein Tischchen und gönnte mir einen Espresso und ein Stück Kuchen. Als ich die Kaffeeschale zum Mund führte, fiel mein Blick ganz zufällig auf drei junge Männer am Nebentisch. Und plötzlich erstarrte ich; ein heißer Schwall durchfuhr meinen Körper: Den einen kenn ich doch! Das ist doch Franz! Franz, das Scheusal, der Vergewaltiger war wieder frei!

Er war ganz im Gespräch mit seinen Freunden vertieft und ich konnte nur einige abfällige Bemerkungen über Frauen aufschnappen, die die jungen Männer mit lautem Gelächter quittierten. Rasch aß ich meinen Kuchen, trank den Kaffee und rief mit einer Geste die Bedienung herbei. Ich zahlte und verließ meinen Tisch, denn ich wollte auf keinen Fall, dass Franz meine Anwesenheit bemerken sollte. Meine Vorsicht schien unbegründet, denn die drei Männer würdigten mich keines Blicks. Aus sicher Distanz konnte ich nun Franz beobachten. In meinen Gedanken lief ein Gewitter ab: Ich hasse ihn, ich hasse ihn. Dort sitzt der Mann, der mich um meine Tochter, meine Frau und all den Sinn meines Lebens gebracht hat, frei, fröhlich und lacht!‘

Martin krallte sich mit seinen Händen förmlich an seiner Decke fest und sagte: ‚Es war mir bekannt, dass die verurteilten Brüder mit der ganzen Familie seinerzeit aus ihrer Wohngegend weggezogen waren, doch ich hatte keine Ahnung, wo Franz jetzt wohnte. Geduldig wartete ich in sicherer Entfernung, bis sich die drei jungen Männer voneinander verabschiedeten, rannte schnell zu meinem Auto und verließ das Einkaufszentrum. In der Nähe der Ausfahrt wartete ich in zweiter Spur, bis ich Franz mit seinem Auto aus der Parkgarage in die Straße einbiegen sah. Mit genügend Abstand folgte ich seinem Fahrzeug. Nach zirka zehn Minuten parkte Franz sein Auto in einer schmalen Gasse vor einem alten Einfamilienhaus. Etwa dreißig Meter weiter, auf der anderen Straßenseite, hielt auch ich und sah im Rückspiegel, wie Franz im Haus verschwand. Hier also wohnst du, du Bestie, ging es mir durch den Kopf.

Ab nun war mein ganzer Fokus auf Vergeltung ausgerichtet. Ich konnte kaum schlafen und schmiedete Rachegedanken. Bursche, du hast ein Leben genommen und zwei weitere zerstört. Was du uns, was du mir, angetan hast, kann nicht mit einer lächerlichen Freiheitsstrafe abgegolten sein.

Ich nahm mir Urlaub, beobachtete stundenlang, wie von Dämonen besessen, dieses Haus und notierte alle Schritte, die Franz tagaus, tagein vollführte. Bald erkannte ich ein Muster, das sich wochentags wiederholte. Franz hatte offensichtlich eine Stelle in einer Firma gefunden, bei der er

Schichtdienst hatte und jede dritte Woche Nachtschicht verrichten musste.‘

Mit beiden Händen führte Martin das Glas zu seinen trockenen Lippen, nahm einen Schluck Wasser, wobei er das Gefäß mit beiden Händen festhalten musste, um das Getränk nicht mit seinen zitternden Fingern zu verschütten. Mit rauer Stimme nahm er seine Erzählung wieder auf.

‚Damals – es ist nun schon viele Jahre her – war ich noch kräftig und gesund. Meine Gedanken kreisten um Genugtuung für das Verbrechen von Franz. Mein Entschluss stand fest: Ich werde ihm nachts auflauern, in der Finsternis, dann, wenn es keine Zeugen geben wird. Doch womit sollte ich Franz stellen? Ich besaß keine Schusswaffe, … und ein Messer schien mir zu … nein, so dicht wollte ich nicht an ihn heran.‘

Wieder entstand eine Pause, als hätte Martin überlegen müssen, wie er mir das weitere Geschehen darlegen sollte.

‚Der Zufall stand mir Pate. Als ich den Müll zur Sammelstelle brachte, lag dort ein etwa fünfzig Zentimeter langes Eisenrohr. Ich hob es auf – es war schwer, solide, lag gut in der Hand – und nahm es mit nach Hause.

Die Woche, in der Franz wieder Nachtschicht haben würde, erwartete ich mit nervöser Ungeduld. Dann war es soweit. Ein Novembermorgen, kalt und noch dunkel, kurz nach fünf Uhr früh. Ich sah ihn in die Gasse einbiegen und mit raschen Schritten zur Eingangstür des Hauses gehen. Es passte alles. Ich hatte gut beobachtet. Also, diese Woche war seine Nachtschicht. Vom Strauch, der mir Sichtschutz bot, hatte ich trotz Dunkelheit genügend Sicht. Gut, Bursche, morgen bist du dran!

Die kommende Nacht schlief ich nicht; es war kein Kaffee nötig, um mich wachzuhalten. Im Zimmer auf und ab gehend, zählte ich jede Minute. Die Zeit schien nicht zu vergehen. Endlich war der Moment gekommen: Mit Schal und Handschuhen ausgerüstet, das kalte Rohr unter meinem Mantel verborgen, begab ich mich zur Hausnische, an der Franz vorbeigehen musste, um zu seinem Haustor zu gelangen … und wartete!

Plötzlich hörte ich Schritte. Ein Mann, einen kleinen Hund an der Leine führend, kam in meine Richtung. Warum gerade jetzt? Warum muss er gerade jetzt – um diese Uhrzeit – seinen Köter zum Pinkeln führen? Verdammt!

Fort, nichts wie weg von hier. Aus meinem Augenwinkel sah ich noch Franz in die Straße einbiegen. Es war zu spät. Meinen Schal tief ins Gesicht gezogen, schlich ich eilends davon.‘

Ich nahm Martins Hand, drückte sie sanft, um ihn etwas zu beruhigen, denn ich merkte, dass ihn das Gespräch sichtlich anstrengte. Auf mein Ersuchen, mir alles Weitere später zu erzählen, schüttelte er heftig den Kopf und meinte: ‚Nein, nein, Doktor! Besser jetzt. Wer weiß, was morgen ist?‘ Er hustete und setzte fort: ‚Es war ärgerlich. Also, noch einen Tag warten. Doch schließlich war es dann soweit. Ich hatte mir den Wecker gestellt, was aber vergebliche Liebesmüh war, denn ich konnte auch diese Nacht nicht schlafen. Bald stand ich wieder in der dunklen Nische, zitternd vor Kälte und Aufregung. Leichter Nieselregen hatte kleine Pfützen vor meinen Schuhen entstehen lassen. Ich habe keine Ahnung, warum mir das so fest in Erinnerung geblieben ist. Mit den Handschuhen fest umklammert hielt ich das schwere Eisenrohr. Es war fünf Uhr morgens. Minute um Minute verging. Dann Schritte; und diesmal waren es seine raschen Schritte! Franz kam in meine Richtung, konnte mich im Dunkel der Nische nicht sehen, ging an mir vorbei. Mein Puls raste. Ich war wie in Trance; schnellte zwei Schritte nach vorn, … und das Eisenrohr sauste mit voller Wucht auf seinen Hinterkopf. Franz ging zu Boden und blind vor Wut schlug ich ein zweites und drittes Mal zu.‘

Nicht mit der Vehemenz seiner Tat rechnend, riss ich die Augen auf und wollte soeben etwas sagen, als mir Martin zuvorkam und sagte: ‚Ja, ich weiß, Doktor, ich weiß, es war nicht recht, mich so zu rächen, … aber so ist es geschehen. So war es! Das Eisenrohr habe ich noch in derselben Nacht im Donaukanal entsorgt.

Am Vormittag haben Passanten Franz gefunden; leblos, mit Schädelbruch, aber das habe ich nur in einem kleinen Artikel in der Zeitung gelesen. Mein Rachemord wurde nie aufgeklärt. Dok, Sie sind der Einzige, dem ich hier meine Tat gestehe. Vielleicht wurde ich dafür vom Schicksal mit meiner Krebserkrankung bestraft. Dem Lebensende zustrebend, wollte ich meine Tat noch jemanden beichten.‘

Damit beendete Martin sein Geständnis … und ließ mich im Dilemma.

Ja, Leute, diese Lebensbeichte von Martin – so wie ich ihn hier genannt hatte – bereitete mir einige Kopfzerbrechen. Ich wusste nicht recht, wie ich reagieren sollte, deshalb wollte ich mir diese eine Woche nehmen, um die Angelegenheit zu überdenken. Normalerweise gehört ein Mord gemeldet. Sollte ich der Polizei die Straftat verheimlichen, würde ich mich schuldig machen. Anderseits: Cui bono? Wem nützt es? Martin ist todkrank, hat nur mehr wenige Zeit zu leben. Sollte man ihm nicht die Möglichkeit geben, sein Geheimnis ins Grab zu nehmen? Er ist sicher nicht haftfähig. Also? … Was sagt ihr?“

Unter uns entstand ein heftiger Diskurs mit teilweise abweichenden Meinungen. Besonders Alois und Emma konnten keine Übereinstimmung finden.

Ich hatte mich schließlich festgelegt und fasste den Entschluss, dass ich …

Und? … Wie hätten Sie entschieden?

Übrigens; elf Tage nach unserer Rückkehr vom Urlaub, verstarb Martin an seiner Krebserkrankung.

DER FUND

Es ist zum Verzweifeln. Neun Tage schon dieses Regenwetter; alles grau in grau. Ich bin schrecklich deprimiert. Ich bin immer deprimiert bei Regenwetter. Noch dazu stehe ich hier allein bei der Haltestelle, was bedeutet, dass mir der Bus wieder einmal davongefahren ist. Um acht Uhr abends heißt das, gute 15 bis 20 Minuten warten. Ein kalter Schauer läuft mir über den Rücken. Ich lehne mich an die Wand des Wartehäuschens und starre auf die regennasse Straße, in der sich die Lichter der Schaufenster spiegeln; … und meine Gedanken beginnen zu wandern.

Das war wieder ein Tag! Diese Überstunden! Nun habe ich sie schon reichlich satt. Ich weiß nicht, wo ich es gelesen habe, aber den Spruch von diesem Anatol France habe ich mir gemerkt: ‚Die Arbeit ist etwas Unnatürliches. Die Faulheit allein ist göttlich.' Für mich klingt das überzeugend! Unseren Abteilungsleiter, diesen Trottel, kann ich auch nicht riechen. Heute war er wieder besonders geistreich. Immer seine zynischen Bemerkungen. Er meint, ich sei ein Eigenbrötler. Glaubt er wirklich, weil er studiert hat, kann er herumkommandieren? Überheblicher Klugscheißer! Naja, bei seinem Gehalt kann er sich's ja leisten! Jeden Tag so spät nach Hause kommen, der paar Euro wegen; sie sind doch nur ein Tropfen auf den heißen Stein. Die Gage von unseren Politikern hätt' ich gern. Nur große Reden schwingen, das können sie, aber haben diese Herrschaften da oben überhaupt eine Ahnung, was arbeiten heißt? Mit Anzug und Krawatte, ha, die haben doch nicht einmal den Staplerschein. Ja, das Blaue vom Himmel versprechen und von meinem Steuergeld gut leben; das sieht ihnen ähnlich. Naja, wenn ich etwas zu sagen hätte, dann …!

Ein bisschen Unterhaltung würde heute guttun. Es wäre schön, wenn Joe noch zu mir rauf käme. Manchmal ist es gut, wenn man mit jemandem plaudern kann, wenn einem langweilig ist. Joe ist zwar nicht besonders hell auf der Platte, verwendet aber immer wieder diese englischen Ausdrücke ‚shit' und ‚fuck'. Wahrscheinlich glaubt er, ich weiß nicht, was die bedeuten. Ich gebrauche nur solche Ausdrücke nicht.

Noch immer ist kein Bus zu sehen. Brrr, ist es kalt – rauf mit dem Mantelkragen. Wo bleibt denn der scheiß Bus? Pfui, hier stinkt's! Diese Schweine! Pinkeln hier ins Wartehäuschen.

Zum Teufel! Wie vergesslich ich doch bin! Telefonnummern merke ich mir besonders schlecht. Gut, dass alle auf dem Handy gespeichert sind. Die Nummer von Joe … hier ist sie schon!

Halt … was ist das? Schwaches Licht fällt auf eine dunkelbraune Aktentasche dort in der Ecke. Ich hebe sie hoch; sie ist schwer und abgetragen. Da hat wieder so ein Blödmann seine Tasche stehen lassen. Wie kann man nur so vergesslich sein? Was mache ich nun mit dieser Tasche? Auf die Polizeistube bringen? Naja, in Gottesnamen, wahrscheinlich sucht der Besitzer doch noch danach. Was mag wohl drinnen sein? Vielleicht gibt es eine Adresse?! Ich öffne … heeey! Es durchzuckt mich, als hätte ich in eine elektrische Leitung gegriffen. Unverpackt; gebündelte Banknoten. Mehrere Lagen: Hunderter! Fünfhunderter! Fünfziger! Wie lange starre ich noch in diese Tasche? Ich wollte doch telefonieren, ja, telefonieren; ok, heute nicht mehr. Pack die Tasche und lauf! Komm, lauf schon! Warte, warte … noch nicht. Ich reiße die Tasche an mich. Vergessen sind die Überstunden, der dämliche Abteilungsleiter, das verdammte Sauwetter, … und auch Joe. Jetzt sind meine Gedanken nur bei diesem vielen Geld. Hastig nehme ich ein Bündel nach dem anderen heraus und stopfe sie in meine eigene Tasche, nervös, ohne zu zählen. Es ist mir, als vergingen Stunden. Doch schließlich sind alle Scheine verstaut. Die nun leere fremde Tasche werfe ich zurück ganz hinten in die Ecke.

Einige Leute kommen jetzt zur Haltestelle. Mein Herz pocht wild. Ich habe das Gefühl, als starrten alle auf mich. Zaghaft blicke ich umher. Ahnen diese Leute etwas? Hat mich jemand beobachtet?

Endlich kommt der Bus. Drinnen ist es warm und stickig. Es stinkt auch hier. Waschen sich diese Menschen nie? Das Licht ist viel zu grell; mir wird immer heißer. Warum sieht mich der Mann mit dem blauen Anzug so lange an? Meine Hände sind ganz feucht; ich kann die Luft hier nicht mehr atmen. Noch zwei Stationen, aber ich muss hier raus! Raus, raus!

Oh, … die frische Luft tut gut. Den Regen merk ich kaum. Zu Fuß geht es gleich viel besser. Völlig durchnässt komme ich in meiner Wohnung an … und sperre die Tür gleich zweimal ab. Das habe ich zuvor noch nie getan. Schnell die Vorhänge zu. Nun hole ich die Bündel aus meiner Tasche und staple sie auf dem Tisch. Meine Augen werden immer größer: Wie viel sind das nun schon? Die Hände zittern. Großer Gott! Fünf Bündel zu je zehn Fünfhundertern, zwanzig zu je zehn Hundertern und dreißig zu je zehn Fünfzigern! Wie viel ist das? Fünfundvierzig …

fünfundfünfzig … nein, sechzigtausend. Nochmal … fünfundvierzig, fünfundfünfzig … sechzigtausend. Ich kann’s nicht glauben. Mein Kopf dreht sich. Nochmal … ja, ja … sechzigtausend Euro. Unglaublich! Feine Banknoten: glatter als ein Baby-Popo; ein super Gefühl! Träume ich bestimmt auch nicht? Hahaha, nein; das kann nicht wahr sein! Hahaha, so viel Geld! Wo ist der Champagner? Gut, Inländer-Rum tut’s auch. Die Flasche ist noch fast voll. Prost, … ah, tut das gut. Prost auf den „Fund“! Haha, ein schöner „Fund“, hahaha. Prost nochmal! Alles dreht sich; ich leg mich aufs Bett. Die Flasche ist gleich leer. Noch den letzten Schluck. Herrlich, … Gott, bin ich müde!

Was …? Die Sonne scheint schon auf mein Bett! Wie lange hab‘ ich geschlafen? Was ist los mit mir? Halb neun, – auweh, mein Kopf! Eine leere Flasche Rum? Oh Gott, mein Kopf! Was macht das viele Geld auf dem Tisch? Ist es wahr, hab‘ ich nicht geträumt? Wenn dieses blöde Kopfweh nicht wäre ... Ja, da ist noch alles fein säuberlich aufgestapelt. Es ist wahr! Langsam erinnere ich mich wieder klarer an gestern. Es ist bald zehn! Heute ist doch erst Mittwoch. Ich sollte schon lange an meinem Arbeitsplatz sein. Ach was, soll ich mich jetzt wieder mit diesen Dummköpfen herumstreiten, bloß wegen der lächerlichen Kröten? Die können mich … ich pfeif auf den ganzen Laden … jämmerliche Proleten. Pff, bin ich durstig! Das Wasser schmeckt scheußlich, pfui! Au, mein Schädel brummt! Ich leg‘ mich nochmals aufs Bett.

Was soll ich nun machen? Vorsicht, Freundchen, Vorsicht! Sechzigtausend Euro; das ist ein stattlicher Betrag. Sicherlich hat die Polizei bereits eine Verlustmeldung. Eigentlich tut mir der Kerl leid, der diese Tasche in der

Haltestelle liegen ließ; aber schließlich war es auch sehr unvorsichtig von ihm, soviel Bargeld mit sich herumzutragen. Wie leicht kann man da überfallen werden oder es irgendwo liegen lassen. Ich bekomme direkt Angst bei dem Gedanken, jemand anderer hätte das viele Geld vor mir finden können. Vielleicht noch dazu ein so verkalkter Idiot, der alles der Polizei übergeben hätte. Für einen mickrigen Finderlohn. Entsetzlich!

Herrlich, ich bin nun wohlhabend durch meine eigene Tatkraft. Unterschlagung? So ein Unsinn! Mein Großvater hat schon gesagt: „Der richtige Einfall im richtigen Moment und ein fester Entschluss bringen dem Menschen Persönlichkeit und finanziellen Erfolg."

Eine Zeitung, – ja, eine Zeitung! Vielleicht vermisst jemand schon sein liebes Geld. Also – hinunter zum Zeitungskiosk. Hier hole ich mir täglich morgens eine Zeitung, bevor ich zur Arbeit fahre. Heute ist es aber schon viel später. Den Trafikanten kenne ich sehr gut, wir haben schon oft nach der Arbeit mitsammen ein Gläschen im Grünen Krug getrunken.

„Herr Kugler, sind Sie vielleicht gar im Urlaub bei diesem miesen Wetter?", fragt er mich plötzlich.

„Ah … nein, nein, … ich hab' nur eine kleine Erkältung." Überzeugend klingt das gerade nicht, aber er antwortet: „Na, ist ja kein Wunder bei diesem Wetter."

„Ja, ja, sicher. Ah … ich hätte nur gern den heutigen Tageskurier, bitte."

Nachdem er mir die Zeitung gegeben hat, befällt mich ein eigenartiges Gefühl und nach einem raschen „Auf Wiedersehen!" finde ich es besser, sofort nach Hause zurückzukehren.

Ich bin schon so neugierig, ob vom Geld irgendwas in der Zeitung steht. Sofort blättere ich mit flinken Fingern durch die Seiten und beginne zu lesen.

„ … kam es zu einem fürchterlichen Unfall auf der Autobahn. Sechs Menschen verloren ihr Leben.“, „Die Preise für Lebensmittel stiegen seit …“, „Der Einbruch in ein Juweliergeschäft in der …“

Blablabla. Nein, dieses Gefasel interessiert mich nicht! Irgendwo muss doch etwas davon stehen …

Dann da! Auf Seite neun. Hier steht’s in großen Lettern:

SECHZIGTAUSEND EURO GESTOHLEN

Josef Bergheim, der 52jährige Kassier des Sparvereins „Die Bienen“, entnahm gestern Abend der Vereinskasse widerrechtlich den Jahreserlös in der Höhe von sechzigtausend Euro. Nach polizeilicher Fahndung konnte Josef Bergheim noch am selben Abend festgenommen werden. Er gab jedoch an, seine Aktentasche mit dem gesamten Betrag in einer Bushaltestelle liegen gelassen zu haben. Die Tasche wurde tatsächlich gefunden, jedoch ohne den entwendeten Geldbetrag. Die Polizei zweifelt an der Glaubwürdigkeit der Aussage des Kassiers. Bisher verliefen alle Nachforschungen zur Sicherstellung der Banknoten ergebnislos. Die Bevölkerung wird gebeten, sachdienliche Hinweise den Polizeistationen zu melden.

So war das also! Warum zittere ich denn so? Na großartig; ich habe also einem Gauner das Geld abgenommen. Zweifelslos: eine gute Tat! Herrlich, warum sollte ich Gewissensbisse haben? Naja, eigentlich gehört das liebe Geld den Sparern. Wie viele mögen es wohl gewesen sein? Die

„Bienen“ werden jetzt ganz schön summen. Haha, den Honig habe jetzt ich; nun bin ich der neue Besitzer. Ich werde sorgsam damit umgehen – versprochen!

Die Polizei wird wachsam sein, … aber ich auch. Nichts Auffallendes darf unternommen werden. Das heißt also: morgen wieder zur Arbeit gehen und alles erdulden. Gut, gut; ich bin ein Märtyrer!

Vier Jahre habe ich nun schon den ‚Fund‘. Fünfundzwanzigtausend Euro liegen noch in der Tischlade. Fünfunddreißigtausend habe ich im Laufe der Zeit kleinweise ausgegeben. Klug! Oder? Man kann soviel Geld nicht einfach zur Bank bringen oder große Anschaffungen machen. Das würde doch auffallen. Bis jetzt hat niemand etwas bemerkt – und so soll es auch bleiben! Die Kollegen staunten zwar, als ich eines Tages mit einem schönen Auto vorgefahren kam. Aber ich bin klug: Es ist ein Gebrauchtwagen. Einer fragte mich scherzhaft, ob ich eine Bank überfallen hätte. Haha, ich glaube, ich bin etwas verlegen geworden. Blödsinn, nur ein Verbrecher überfällt eine Bank.

Ich lasse es mir gut gehen. Zweimal pro Jahr ein kurzer Urlaub, das fällt nicht auf. Ich war sogar schon auf Mallorca. Manchmal geht mir in der Firma alles auf die Nerven. Ich möchte denen einmal gehörig meine Meinung sagen und kündigen; vielleicht tu ich’s noch. Ich bin schließlich nicht Irgendwer! Aber man muss ja vorsichtig sein; ich bin es! Außerdem bin ich fest überzeugt, den ’Fund‘ verdient zu haben.

Ist das nicht auch Ihre Meinung? Jetzt mal ganz ehrlich: so ein paar Scheine extra zum Haushaltsbudget kann doch jeder gebrauchen.

Oder hätten Sie sich anders verhalten? Wie hätten Sie entschieden?

DER RÄUBER

Als Pamela Rogner die Steuerberatungskanzlei nach der Arbeit verließ, hatte draußen bereits dichter Nebel die Häuser und Bäume in konturlose Silhouetten verwandelt. Der Widrigkeit des nasskalten Wetters trotzend, begab sie sich auf den Weg zur Ballettschule, wo ihre Tochter Linda nach dem Unterricht am Gymnasium, wie üblich, ihre an Wochentagen stattfindenden Übungsstunden hatte. Als Pamela dort ankam, hatte ihre Tochter bereits ihr Pensum abgeschlossen und sich in Straßenkleidung umgezogen. Linda verabschiedete sich von den anderen Elevinnen, und Mutter und Tochter begaben sich auf den Heimweg. Bei der nahegelegenen Station nahmen sie den Bus, der sie hinaus in die Vorstadt brachte, wo die Familie Rogner ein schönes Haus ihr Eigen nennen konnte. In wenigen Minuten erreichten sie von der Haltestelle die Villa.

Baumeister Wilhelm Rogner hatte seine Frau, bevor sie ihren Arbeitsplatz verließ, angerufen und ihr mitgeteilt, dass er heute am Abend etwas später nach Hause kommen werde, da er noch eine wichtige Besprechung mit einem Kunden habe. Allerdings werde es nicht allzu lange dauern und er wäre sicher, noch zum Abendessen daheim zu sein.

Pamela trug die schon in ihrer Mittagspause gekauften Lebensmittel in die Küche und Linda brachte die Ballettsachen hinauf in ihr Zimmer. Von der Küche rief Pamela ihrer Tochter zu: „Linda, komm bitte und hilf mir beim Kartoffelschälen!"

„Ja, Mama, ich komme sofort!"

Linda kam die Treppe herunter und … dann folgte ein durch Mark und Bein gehender Schrei: „*Mama!*"

Pamela kam aus der Küche gelaufen, … und sah ihn.

Ein schwarzgekleideter Mann mit einer Gesichtsmaske, die nur seine Augen preisgab, stand ihnen gegenüber. In der Hand hielt er eine Pistole, die er nun auf beide Frauen richtete. Ein kurzer Befehl hallte durch den Raum: „Auf den Boden; Hände weg von den Handys!“

Nachdem sich Linda hinter Pamela gesetzt hatte, rief sie mit bebender Stimme: „Bitte, bitte … nicht schießen!“

Der nächste Befehl folgte: „Der Safe“, und er deutete auf Pamela. „Du, mach auf!“ Zu Linda gewandt rief er: „Und du bewegst dich nicht von der Stelle!“

„Wir haben keinen Safe“, gab Pamela an.

Doch die Antwort folgte sogleich: „Rede keinen Scheiß; ich weiß, dass es hier einen Safe gibt.“ Und er richtete die Pistole auf Linda. „Beim Leben deiner Tochter … mach den verdammten Safe auf!“

Pamela wagte noch einen Versuch. „Ich … ich kenne den Code nicht.“

Es folgte eine kurze Stille. – Und dann, in diese Stille hinein, krachte ein Schuss. Linda schrie auf, als der Schuss an ihr vorbei in die Vitrine einschlug und Glassplitter über Möbel und Boden streute.

„So, … und der nächste Schuss gilt deiner Tochter. Hast du verstanden?“

Pamela zögerte nun nicht mehr, eilte zum Bücherregal, hinter dem sich der solide Wand-Safe befand und tippte den Code ein. Die Tür des schweren Geldschranks öffnete sich. Der Maskenmann orderte Pamela zurück: „Auf den Boden, nebeneinander, und keine Tricks!“

Mit einer Hand die Pistole auf die beiden Frauen gerichtet, fasste er mit der anderen in den Safe und begann hastig

Schmuckstücke und einiges Bargeld in einen bereitgestellten Sack zu werfen. Pamela überlegte kurz, ob sie den Verbrecher in ein Gespräch verwickeln sollte, entschied sich aber dagegen, da sie Linda, die heulend ihr Gesicht an Pamelas Brust vergrub, Trost spenden musste.

Plötzlich hörte man, wie die Eingangstür geöffnet wurde und von dort ein „Hallo Schatz" zu vernehmen war. Herr Rogner war nach Hause gekommen, zog seinen Mantel aus und hängte ihn auf die Kleiderablage im Flur. Wilhelm, ein großer, kräftiger Mann, betrat das Wohnzimmer und … erstarrte.

Sofort richtete der Maskierte seine Pistole auf Herrn Rogner und schrie ihn an: „Hände hoch; auf den Boden! Und kein Griff zum Handy!"

„Papa, bitte! Setz dich! Er hat schon einmal geschossen", rief Linda.

Zögernd leistete Wilhelm der Bitte seiner Tochter Folge und kniete neben ihr und Pamela nieder. Er wagte dem Räuber nicht zu widersprechen, denn die Hand mit der Pistole zielte nun auch auf ihn. Wut und Zorn stauten sich in seinen Gedanken und ballten sich zu einem Gewitter zusammen, das kurz vor der Entladung stand. Wie konnte dieser Dreckskerl, dieser Eindringling, ihn und seine Lieben so unter Druck setzen? Die Unfähigkeit zu handeln nagte an seinem Selbstwertgefühl.

„Nimm, was du nehmen willst … aber verschwinde und lass uns in Ruh!", rief Wilhelm.

Doch die Antwort kam postwendend: „Halt dein Maul, du Idiot!" Der Maskenmann machte sich gerade zu schaffen, eine Perlenkette in seinen Sack zu werfen, als die Kette seiner Hand entglitt und zu Boden fiel. Er beugte sich nieder, um das wertvolle Schmuckstück aufzuheben.

Und dann ging es blitzschnell.

Wilhelm, der 190 cm große und über hundert Kilo schwere Mann, schnellte nach vor, fasste den Maskierten am die Pistole haltenden Arm, riss ihn zu Boden und stürzte sich mit seiner ganzen Körperkraft auf den überraschten Kerl. Linda schrie auf; doch Pamela bewies Geistesgegenwart und schleuderte die nun zur Erde fallende Pistole aus der Reichweite des Räubers.

Wilhelm pinnte den Räuber, der sich heftig wehrte, mit all ihm zur Verfügung stehender Macht unter sich fest und rief seiner Frau zu: „Pamela, schnell, ruf die Polizei!“

Die Faustschläge von Wilhelm sausten auf den Kerl herab, doch immer wieder wollte sich dieser befreien, daher griff Wilhelm zum drastischen Mittel: er schlug mit voller Wucht ins Gesicht des Mannes, wobei er mit dem Daumen in seine Augenhöhle rutschte. Blut spritzte; ein Aufschrei; … und dann war der Widerstand gebrochen.

Wenige Minuten später traf die Polizei mit Blaulicht ein. Man nahm den Sachverhalt auf und die Rettung wurde angefordert, um den Schwerverletzten ins Spital zu bringen.

Der Schock, den die Familie Rogner erduldet hatte, saß tief; war traumatisierend. Pamela schlief schlecht, schreckte nachts oft auf und bildete sich mit Herzrasen ein, einen maskierten Mann im Zimmer zu sehen. Linda wagte nicht, ohne ihre Eltern in der Villa zu sein, und Wilhelm war unkonzentriert bei seiner Arbeit auf der Baustelle.

Eine Woche vor der Tat. In einem Gasthaus in der Vorstadt.

Franz Halmer und Roland Wegerer saßen an einem Tisch in der gemütlichen Gaststube und hatten je ein halbvolles Glas vor sich stehen. Franz und auch Roland waren schon seit mehr als einem Jahr arbeitslos und bezogen Notstandsgeld. Doch Roland gelang es immer wieder, Tätigkeiten, wie Reparaturen oder Gartenarbeit, ohne Fixanstellung zu finden. Daher empfand Franz es als sehr nett, als sein Freund ihn zum Bier einlud. Zweimal schon versuchte Roland Franz Arbeiten zu vermitteln, die er selbst nicht ausführen konnte oder wollte, doch jedes Mal lehnte Franz mit der Begründung ab, dass diese Beschäftigungen die Mühe nicht wert seien. Für Almosen sei er nicht bereit, seine Freizeit zu opfern.

„Es muss sich auszahlen. Diese kleinen Jobs, die bringen doch nichts", sagte Franz und fügte hinzu: „Weißt du noch, das Ding, das wir gemeinsam gedreht haben? Das hat sich rentiert!"

„Ja, ich weiß. Wir hatten Glück! Es lief bestens, aber … ich hab es ja dann nochmal versucht. Einmal ging es noch gut, dann haben sie mich erwischt. Zwei Jahre Bau! Du hast keine Ahnung, wie es da drinnen zugeht! Nein, danke, das möchte ich nicht nochmals erleben. Du hast Glück gehabt; du bist noch nie erwischt worden."

„Ich muss etwas probieren", meinte Franz verbittert. „Ich bin pleite! Ohne Zaster macht das Leben keinen Spaß. Die Pistole und genügend Munition hab ich noch von damals. Wie schaut es aus, Roland?"

„Du … tut mir leid, Franz, aber … ohne mich! Ich kann dir einen Tipp geben, aber … ich selbst, nein, ich mach kein krummes Ding mehr! Sorry!“

„Komm, Roland, sei kein Hasenfuß! Wir machen was gemeinsam, oder?“

„Nein, sicher nicht! – Aber, hör zu!“ Roland beugte sich vor, sah sich in der Stube um und erklärte leise: „Ich habe bei einer Villa im Sommer Gartenarbeit gemacht und dort auch zeitweise einige handwerkliche Kleinigkeiten erledigt. Jetzt, um diese Jahreszeit, ist im Garten natürlich nichts los, aber … pass auf: Die Rogners – so heißen die Leute – haben mich vor kurzem angerufen und mir erzählt, dass bei ihnen in der Küche das Wasser im Spülbecken kaum abläuft und ob ich die Rohre vom Schmutz befreien könne. Ich bin dann hin und habe die Arbeit erledigt und gleich alle anderen Abflüsse im Haus kontrolliert. Dabei konnte ich eine gute Übersicht über die Räumlichkeiten gewinnen. Also: Es gibt einen Wandsafe hinter dem Bücherregal im Wohnzimmer. Sie haben eine Alarmanlage, die tagsüber nicht scharf geschaltet ist und wahrscheinlich nur nachts aktiviert wird. Auf der linken Seite des Hauses ist ein schmales Fenster, aber groß genug, um durchzukriechen, das in den Keller führt, wo sich ein Heizkessel und eine Waschmaschine befindet. Dieses Fenster ist – soweit ich es sehen konnte – nicht mit Alarmsensoren abgesichert. Die dürften bei der Installation vergessen worden sein. Vom Keller kommt man dann ungehindert hinauf in die Wohnräume. Nun, wenn du es wagen willst? Aber bitte … ohne mich! Und, Franz, sag mir vorher, wann du den Coup ausführen willst. Ich will mir für diese Zeit ein stichhaltiges Alibi besorgen, denn die Rogners und die Polizei werden mich sicher zuerst verdächtigen."

Roland gab Franz die genaue Adresse der Villa. Franz bedankte sich für den Tipp und kündigte Roland den Einbruch für den späten Nachmittag am Dienstag der nächsten Woche an.

„Zehn Prozent von der Sore für dich, alter Freund", war die Antwort von Franz, bevor er sein Bier leerte.

Von dem haarsträubenden Ereignis, das sich eine Woche später zugetragen hat, haben wir bereits erfahren.

Doch nun folgte etwas, was Wilhelm Rogner überraschte. Der Postbote brachte einen eingeschriebenen Brief einer Rechtsanwaltskanzlei. Als Wilhelm den Brief öffnete, wollte er seinen Augen nicht trauen, denn das Schreiben, das von einem Anwalt für Strafsachen ausgestellt worden war, umfasste eine gerichtliche Anklage wegen ‚Überschreitung der Grenzen der Notwehr' mit einer Schmerzensgeldforderung.

Sofort rief Wilhelm seinen Anwalt an und bat ihn um Rechtsbeistand. Nach genauer Darlegung des Sachverhalts und darauffolgenden strategischen Anweisungen harrte man der Gerichtsverhandlung.

Nach zirka acht Wochen war es dann so weit und die Verhandlung konnte beginnen. Pamela Rogner und Tochter Linda waren als Zeugen geladen.

Es muss vorausgeschickt werden, dass es bei dieser Verhandlung nicht um den Einbruch von Franz Halmer und seine räuberische Absicht ging. Die Schuldfrage in dieser Sache war eindeutig geklärt. Franz Halmer hatte gestanden und musste nach einem Krankenhausaufenthalt seine ihm auferlegte Freiheitsstrafe antreten.

Bei der Vorlesung der Anklageschrift ging es um die Verhältnismäßigkeit der Verteidigung von Wilhelm Rogner gegenüber seinem Angreifer. Im Zuge der heftigen Abwehr hatte Wilhelm dem Räuber den Kiefer und die Nase gebrochen und durch einen kräftigen Schlag ins Gesicht den Verlust des linken Auges herbeigeführt. Dies wurde vom Staatsanwalt als extensiver Notwehrexzess gewertet. Als Beweismittel wurden einige ärztliche Atteste der Krankenanstalt beigebracht.

Der Rechtsanwalt von Wilhelm Rogner bezweifelte die Franz Halmer entstandenen Verletzungen nicht, hob aber hervor, dass dennoch seinem Mandanten keine Schuld angelastet werden könne.

„Aus den Beweismitteln geht hervor“, führte der Staatsanwalt in seinem Plädoyer an, „dass hier durch Wut und Zorn dem Angreifer bewusst Verletzungen zugefügt wurden, die er erst dann erleiden musste, als er schon überwältigt war und sich nicht mehr gewehrt hatte. Es war Rache für die erlittene Schmach der Bedrohung während des Einbruchs. Und das bedeutet eine Überschreitung der Verhältnismäßigkeit der Notwehr; also: einen rechtswidrigen Vorsatz zur Körperverletzung.“

Als Wilhelm das hörte, wollte er aufbrausend darauf antworten, wurde aber von seinem Anwalt rechtzeitig gestoppt; konnte sich aber nicht zurückhalten, leise zu murmeln: „Was weiß der von meinen Emotionen? Er war doch nicht dabei!“

In Schlussvortrag hob Wilhelms Anwalt zur Verteidigung seines Mandanten die psychische Ausnahmesituation hervor, in der sich Wilhelm befand, als er bedroht wurde. Vor allem die Furcht, der Räuber könnte sich aus der Umklammerung befreien und ihm und seiner Familie Schaden zufügen. Er mag zwar rechtswidrig gehandelt haben, aber durch diese Furcht treffe ihn keine Schuld. Und daher sei ein Freispruch gerechtfertigt.

Wilhelm hatte nun noch Gelegenheit eine Rechtfertigung für sein Verhalten während des Raubes abzugeben.

„Der Räuber ist in unser Haus eingedrungen, hat meine Frau, meine Tochter und mich mit einer Pistole bedroht; hat uns in Schrecken versetzt und uns unter Waffengewalt gezwungen, den Safe zu öffnen. Mit viel Glück, ja, es war Glück, ist es mir gelungen, ihm trotzt wilder Gegenwehr die Waffe zu entreißen. Ich mag gar nicht daran denken, was geschehen wäre, wenn ich ihn nicht mit Schlägen außer Gefecht gesetzt hätte, bis die Polizei eintraf.“

Nun zog sich das Gericht zurück, um über Schuld oder Freispruch zu beraten.

Man kam zu folgendem Urteil: Wilhelm Rogner wurde ….

Und? … Wie hätten Sie entschieden?

DER JUGENDFREUND

Donnerstag, 31. Oktober 2019

Donnerstag 31. Oktober 2019; der folgende Tag war Allerheiligen, ein Feiertag; langes Wochenende. Der Termin zur Kontrolluntersuchung beim Urologen war für heute, um neun Uhr Früh zum Beginn der Ordinationszeit angesagt. Wie ich es seit meiner Jugend aus Höflichkeit gewohnt war, fand ich mich immer schon etwas früher zu all meinen Vereinbarungen ein; und so traf ich auch diesmal verfrüht in der Ordination des Facharztes ein. Dennoch sah ich das Wartezimmer schon gut besucht. Nach Abgabe meiner e-card und Anmeldung bei der Ordinationsgehilfin fand ich Platz neben einem Mann mittleren Alters. Einige Männer lasen in bunten Zeitschriften, die in der Mitte des Raumes auf einem kleinen Tischchen verstreut herumlagen. War es Desinteresse an den dargebotenen Heften oder eine mir angeborene Nervosität vor Arztbesuchen, die mich immer bei solchen Begebenheiten befiel, man weiß es nicht, aber ich konnte mich nicht entschließen, zu lesen. So schweifte mein Blick in die Runde der Anwesenden, die in stiller Ergebenheit ihres Aufrufs harrten – bis mein Auge durch kurzes Hinschauen an einem Mann, der mir gegenübersaß, hängenblieb. Ich schätzte ihn jenseits der Siebzig. Der Mann wirkte zwar nicht schmutzig, aber durch seine fadenscheinige Kleidung bot er ein etwas heruntergekommenes Aussehen. Ein kariertes Sakko, dazu eine Cordhose, die an den Knien speckig glänzte, umrahmten seine hagere Figur. Dünnes Haar, fast kahler Kopf, weißer Bart, dürftig zurechtgestutzt, die Schuhe sauber, aber abgetreten. Auf seinem Schoß lag eine rote Mappe. Er hatte den Kopf zu

Boden gesenkt – und als er aufsah, fixierte er mich, senkte dann aber etwas irritiert wieder seinen Blick.

Da schoss es mir durch den Kopf: Irre ich mich? Ich muss zugeben, in letzter Zeit hat mir mein Gedächtnis einige Male einen Streich gespielt, doch nun war ich fast sicher. Den kenn ich doch, das Gesicht kenn ich doch, das ist doch Leo! Das ist doch Lemmi!

Es musste schon eine sonderbare Fügung des Schicksals sein, dass sich zwei betagte Herren, die sich jahrelang nicht mehr gesehen hatten, plötzlich im Wartezimmer eines Urologen gegenübersaßen.

Nun konnte ich mich nicht mehr halten und rief in die Stille hinein: „Hallo Lemmi!"

Seinen Spitznamen hatte Leopold Lemberger seit seiner Schulzeit. Auch war bekannt, dass Leo, wenn immer er irritiert oder nervös war, zu leichtem Stottern neigte, wofür er von einigen Mitschülern gehänselt wurde. Beinahe wäre mir entschlüpft zu fragen: Was machst du denn hier?

Leo starrte mich an: „Erich? Ich g-glaub's nicht! Hallo Erich! Wann haben wir uns das letzte Mal g-gesehen?"

„Servus, Leo! Ja, das muss schon einige Jahre her sein. Mindestens zwanzig, vielleicht dreißig? – oder mehr? Ich muss gestehen, wahrscheinlich war es eine Nachlässigkeit von mir, dass ich mich so rar gemacht habe."

„Ja, Erich – es war auch mein Fehler! Seit ich von Kagran weggezogen bin, habe ich mich nicht mehr bei dir gemeldet. Übrigens, ich bin nun wieder in die Gegend unserer Jugendzeit zurückgezogen."

„Auch ich bin nach einem elfjährigen Auslandsaufenthalt wieder nach Wien zurückgekehrt. Zwar nicht nach Kagran, aber nicht weit davon. Ich wohne nun schon viele Jahre in Leopoldau."

„Erich, ich erinnere mich noch, dass ich eine Ansichtskarte von dir aus Südafrika bekommen habe. Leider ohne Adresse. Dann ist der Kontakt irgendwie verloren gegangen."

Plötzlich rief die Empfangsdame: „Herr Lemberger, bitte zum Herrn Doktor!"

Bevor Leo ins Behandlungszimmer huschte, rief er noch schnell zu mir: „Wir sehen uns noch nachher!"

Nachdem auch ich meine Untersuchung erledigt und den Behandlungssaal verlassen hatte, wartete draußen schon Leo auf mich.

„Hallo Leo, es ist nett von dir, dass du auf mich gewartet hast. Ich bin schon sehr neugierig, was du mir alles erzählen kannst."

„Wir müssen p-plaudern; unbedingt! Nicht weit von hier, am Kagraner Platz – du kennst doch das Café Falk – ich bin dort recht oft. Erich, wie wär's, wenn wir dort kurz hineinschauen?"

Natürlich kannte ich das Lokal. Das Lokal, wo man Billiard spielen und seinerzeit bei Einwurf eines Schillings Musik aus dem Wurlitzer hören konnte. Obwohl sich am Kagraner Platz vieles über die Jahre verändert hatte – das eiserne Pissoir vis-a-vis war Gott sei Dank verschwunden – aber das gute alte Falk hatte die Zeit bestens überlebt. Damals gab es neben dem Pfarrhof das Eisgeschäft Adelchi, wobei die Tochter des Besitzers mit uns die Schulbank drückte. Schon am Weg zum Café – ich glaube, Leo hatte die Worte: ‚Erinnerst du dich noch…' wohl zwanzig Mal erwähnt – bemerkte er kopfschüttelnd: „Ich kann es nicht glauben. Es ist schon seltsam, dass wir uns heute, nach so langer Zeit, beim Urologen wiedergesehen haben.“

In wenigen Minuten erreichten wir das Kaffeehaus und fanden in einer bequemen Ecke Platz. Ich rief meine Frau an, gab ihr Bescheid, dass ich etwas später nach Hause kommen würde und teilte ihr mit, zufällig einen Jugendfreund getroffen zu haben. Leo hatte die rote Mappe, die mir schon beim Arztbesuch aufgefallen war, neben sich liegen. Ich bestellte ein kleines Bier und Leo orderte zu meiner Verwunderung ein Glas Mineralwasser, wobei er mir zu verstehen gab, dass er schon seit einigen Jahren keinen Alkohol mehr angerührt habe. Ich wollte nicht näher nachfragen, war aber überrascht, als Leo beim Einstieg zu unserem Gespräch fragte: „Sag, Erich – beim Urologen –, war bei deiner Untersuchung alles im grünen Bereich?“

„Ja, es war nur meine jährliche Untersuchung. Es scheint alles in Ordnung zu sein; die Werte sind OK.“

„Bei mir wurde vor einiger Zeit ein hoher PSA-Wert festgestellt. Der Urologe wollte Abklärung durch eine Biopsie haben. Ich m-musste diese unangenehme Sache im Spital durchführen lassen, wobei man fünf Proben zog. Drei davon waren bösartig. Ich wurde daher an eine Spezialistin überwiesenen, die m-mir eine Bestrahlungstherapie in der Onkologie empfahl. Siebenunddreißig Tage musste ich täglich im Spital mit voller Blase erscheinen, bevor ich der Strahlung ausgesetzt wurde. Es ist nun nicht sicher, ob diese Bestrahlung hilfreich war.“

Leo verzog seinen Mund, schloss kurz die Augen und setzte fort: „Nun gut, lass uns von etwas Interessanterem reden. Warst du schon wieder einmal in der M-

Meißnergasse? Hast du gesehen, was dort alles gebaut wurde?“

„Ja, es hat sich viel verändert. Ich ging vor Kurzem dort vorbei. Wir wohnten seinerzeit am dritten Stock auf 42 Quadratmetern, hatten einen Koksofen, kein Bad oder Dusche, nur eine Waschkammer mit Kaltwasser; aber dafür eine Toilette innen. Um neun Uhr wurde vom Hauswart unten die Stiege versperrt. Der alte Spielplatz vor dem Haus ist nun eingezäunt, mit Käfigen versehen. Wahrscheinlich wurde das notwendig, damit die Bälle der Kinder nicht auf die Straße fliegen können. Früher war die Straße kaum befahren – es gab auch keine geparkten Autos –, wir konnten quer über die Fahrbahn von einem Gehsteig zum anderen mit Tennisbällen Fußball spielen: die sogenannten ‚Randsteinservierer‘. Und der Spielplatz, von der Gasse bis zum Cholerakreuz, war unser Eldorado. Ich konnte dort mit meinen Freunden so lange spielen, bis später, als ich meinen Kindern davon erzählte, sie sich über mich lustig machten: ‚Ja Papa, wir wissen: bis ihr am Abend den Ball nicht mehr sehen konntet.‘ Unter den Mitspielern war auch Poldi Grausam, einer, der es später sogar bis ins Nationalteam schaffte.“

„Gleich neben dem Spielplatz war unsere Volksschule. Erich, erinnerst du dich noch an unsere Lehrerin, Frau Aschauer? Ich habe noch ein altes Klassenfoto: Wir Schüler sitzen mit den Händen auf den Schreibpulten in Positur und unsere Lehrerin steht mit ernster M-Miene hinter uns.“

„Sag, Leo, wo wohnst du jetzt? Als ich von Wien wegging, hattest du doch eine gutgehende Firma. Bist du verheiratet? Hast du Kinder?“

„Ich wohne jetzt in einer kleinen Gemeindewohnung in der Meißnergasse, auf Stiege zwei. Soviel ich weiß, hast du ja seinerzeit auf Stiege vier gewohnt. Es ist dort nun vieles erneuert worden; sogar ein Aufzug wurde außen angebracht. Das mit der Firma ist eine lange Geschichte; das muss ich dir noch genauer erzählen. Nein, v-verheiratet bin ich nicht mehr. Die Beziehung zu Karin, ich glaube, du hast sie nie kennengelernt, war eine Jugendaffäre, ein, um es rückblickend zu analysieren, grober F-Fehler. Vielleicht nicht so die Beziehung als die folgende Heirat. Wir waren beide noch viel zu jung. Meine Holde wurde schwanger; und wie es damals so üblich war: Man musste das Mädel heiraten. Die Ehe war eine K-Katastrophe, begleitet von ständigem Streit und Zwist. Es ist nun schon viele Jahre her, seit ich geschieden wurde. Die Trennung war eine unschöne Angelegenheit. Karin reichte die Scheidung ein und zog mit unserem Kind aus. Sie hatte sich über einen längeren Zeitraum Geld zur Seite geschafft und eine Eigentumswohnung gekauft; das erfuhr ich aber erst viel später. Meine Ex ist inzwischen verstorben. Wir hatten – oder besser – wir haben einen S-Sohn. Kontakt zu ihm habe ich keinen; ich weiß nicht mal, wo er ist. Er wollte nach meiner Trennung von Karin nichts mehr mit mir zu tun haben. Wieweit es der Einfluss meiner Verflossenen war, weiß ich nicht. Ist auch egal. Über Tote soll man nicht schlecht reden.“

„Tut mir leid. Es ist wohl nie schön, wenn man im Streit auseinandergeht.“

„Einige Jahre später lernte ich Frieda kennen. Frieda war die Tochter von den Rösners; die mit der großen Gärtnerei im Donaufeld. Wir …“

Er stoppte kurz, senkte seinen Blick, sah zu Boden und sprach weiter: „Ich liebte sie. Ja, ich l-liebte sie sehr."

Nun hielt Leo inne, denn er wusste nicht, ob er weitererzählen oder es dabei belassen sollte. Doch schließlich seufzte er und sagte: „Naja, begonnen hat es mit der Firma. Wir erzeugten Glashäuser für die Gärtner; du weißt, zwischen Kagran und Floridsdorf, da, wo heute alles verbaut ist, waren ja nur Gärtner. Jetzt stehen dort große Wohnanlagen. Das Geschäft ging gut, wir hatten vier Angestellte. Wir expandierten, stellten weitere Leute ein und konnten bald Aufträge für ganz Österreich annehmen. Als meine Eltern starben, übernahm ich den Betrieb."

Leo bekam nasse Augen, biss sich auf die Lippen, starrte vor sich ins Leere und setzte mit zittriger Stimme fort: „Ich w-wurde zu den Rösners eingeladen, bewirtet und umhegt. Frieda war ihre einzige Tochter, und alles schien zu passen. Ja, und dann begann plötzlich eine große staatliche Firma – du weißt sicher, wen ich meine –, sozusagen als Nebenprodukt, Glashäuser zu bauen; zu Preisen, die wir nicht halten konnten. Ich m-musste Leute freisetzen und das Unternehmen ging den Bach hinunter. Dann folgte der größte Fehler meines Lebens: Ich vertraute einem Vermögensberater. All das, was noch von der Firma liquide war, investierte ich in Aktien eines angeblich aufstrebenden Unternehmens. In Aktien, welche mir dieser Mann als vollkommen sicher, mit hohen gewinnbringenden Zinsen, anpries. Ich war geblendet, wollte unsere Firma retten – und verlor alles. Das Unternehmen floppte, die Aktien rasselten ins Bodenlose, und dahin war all mein Geld: Ich musste der Belegschaft k-kündigen und Konkurs anmelden. Ich verlor die Firma samt Haus und Garten; ja, die volle K-Katastrophe!

Und plötzlich war ich bei den Rösners nicht mehr gern gesehen. Die Rösners kannten durch private Verbindungen den jungen Inhaber eines gutgehenden Papierwarengeschäfts, den sie nun mehrmals einluden; wohl mit dem Hintergedanken, für ihre Tochter Frieda eine gute Beziehung gefunden zu haben. Da war meine Anwesenheit nicht mehr gefragt. Als ich, wie so oft zuvor, Frieda einen Besuch abstatten wollte, verwies mich Herr Rösner recht brüsk seines Hauses. Ich gab zwar so leicht nicht auf, denn ich spürte, dass Frieda für mich, trotz meiner Mittellosigkeit, noch Gefühle hatte. Letztendlich schien der Druck der Eltern auf ihre Tochter so groß geworden sein, dass mir Frieda eines Abends unter Tränen erklärte, dass unsere Verbindung beendet sei. Das brach mir das Herz. Es war der schlimmste Schlag, den mir das Schicksal je zufügte.“

Plötzlich liefen Tränen über Leos Wangen, die er rasch mit dem Handrücken wegzuwischen versuchte. Es fiel ihm offensichtlich schwer, weiterzusprechen. Ich wollte ihn aber nicht durch eine unbedachte Äußerung ablenken, gab ihm Zeit, sich zu sammeln, und wartete schweigend auf seine folgenden Worte.

„Ein Jahr später erfuhr ich, dass Frieda, meine geliebte Frieda, diesen Besitzer des Papierfachhandels geheiratet hatte und bald danach Mutter eines Buben wurde, den sie, ich konnte es kaum glauben, auf den Namen ‚Leopold‘ taufen ließ.“

Beim Namen ‚Leopold‘, den Leo besonders betonte, schien es, als huschte ein Anflug von Genugtuung über sein Gesicht, bevor er fortsetzte.

„Mir blieb nichts anderes übrig, als mir eine billige Bleibe im zehnten Bezirk zu suchen. In diesem Miethaus war ich wahrscheinlich der einzige Mieter, der der deutschen Sprache mächtig war. Bis vor sechs Jahren wohnte ich dort und hatte nach vielen Versuchen endlich das Glück eine Gemeindewohnung in Kagran zu finden. Ja, so bin ich nun wieder in der gewohnten Umgebung gelandet. Aber ich will dich nicht mit dieser Geschichte vollquasseln. Wie liefen denn deine Jahre, seit wir uns aus den Augen verloren haben?"

„Hmm, Leo … wann haben wir uns zum letzten Mal gesehen? Wenn mich nicht alles täuscht, war das kurz bevor ich zum Bundesheer musste; es muss also irgendwann 1959 gewesen sein. Ich hatte diese Vespa, und du bist mit mir auf dem Sozius nach Innsbruck gefahren, wo meine damalige Freundin wohnte. Weißt du noch?"

„Oh ja, ich erinnere mich an diese Fahrt. Eine lange, ermüdende Reise. Mir tat alles weh. Aber du wolltest unbedingt mit dem Roller f-fahren; ich hatte damals ja noch mein Auto."

„Bald darauf musste ich einrücken. Ich war neun Monate in der Martinskaserne in Baden bei Wien bei der Artillerie. Soviel ich weiß, gibt es diese Kaserne jetzt nicht mehr. Ja, das muss ungefähr die Zeit gewesen sein, wo wir uns aus den Augen verloren haben. Die Beziehung zu meiner Freundin klappte nicht, anscheinend war die Entfernung zu groß. Jugendliebe mit Enttäuschung eben. Es folgten dann noch andere flüchtige Beziehungen bis ich eine junge Frau kennenlernte, mit der ich mir vorstellen konnte, mein Leben zu verbringen. Wir verlobten uns und da ihre Schwester eine Hochzeit plante, entschlossen wir uns, mit ihnen gemeinsam eine Doppelhochzeit zu feiern. Bald darauf ergab sich das Problem: Wo sollen wir wohnen? Wir zahlten für eine Wohnung an, die sich aber noch im Rohbau befand und deren Fertigstellung erst in zwei Jahren vorgesehen war. Wir mussten daher eine Lösung zur Überbrückung dieser Zeit finden. Für zwei Jahre auswandern? OK. Wir fassten Kanada ins Auge, doch als wir an einem Samstag bei der Canadian Embassy vorsprachen, wurde uns dort mitgeteilt, dass das Immigration Departement nur von Montag bis Freitag geöffnet hat. Auf dem Nachhauseweg fiel mir ein, dass einer meiner Freunde, der Albert Linberger, vielleicht kennst du ihn, vor kurzem nach Südafrika ausgewandert war. Der Gedanke kam: Vielleicht ist Südafrika interessanter als Kanada für unseren zweijährigen Aufenthalt. Ich nahm Kontakt zu Albert auf und nach einigen Ratschlägen seinerseits entschlossen meine Frau und ich, es mit Südafrika zu versuchen. Gesagt, getan – und nach einigen Formalitäten bekamen wir die Zusage. Damals war das südafrikanische Regime darauf aus – der Staat wurde ja nur von Weißen regiert –, europäische Familien ins Land zu holen. Es gab Apartheid, Rassentrennung. Ja, und bald saßen wir im Flugzeug in ein für uns fremdes Land. Nach einigen Startschwierigkeiten fassten wir Fuß. Arbeit und Gehalt waren gut; wir fanden Freunde. Wir bekamen zwei Kinder; hatten eine Bedienstete; ein Haus mit Garten und Pool. Herz, was willst du mehr? Die Zeit verging, wir beschlossen noch länger zu bleiben, gaben die Wohnung in Wien auf – und aus den geplanten zwei Jahren wurden schließlich elf."

„Das scheint ja eine recht interessante und bewegende Zeit für euch gewesen zu sein."

„Du hast recht, Lemmi! Da gäbe es noch viel zu erzählen.“

Leo lächelte, wiegte seinen Kopf und nach kurzem Nachdenken fragte er: „Erich, wie lange zurück kannst du dich erinnern? Was waren die ersten Eindrücke aus deiner Kindheit, die dir in Erinnerung blieben?“

„Das Früheste, an das ich mich erinnern kann – ich hoffe, mein Gedächtnis täuscht mich nicht –, ist das Geräusch im Luftschutzkeller. Ich war damals noch nicht fünf Jahre alt. Wir wohnten einige Wochen im Keller – eine Petroleumlampe diente zur spärlichen Beleuchtung – und suchten Schutz vor den Bombenangriffen, als eine Nachbarin mir zurief: ‚Wenn du das Sausen der Bomben hörst, dann brauchst du sie nicht mehr zu fürchten; dann sind sie schon über uns hinweg.‘ Das Heulen der Sirenen und die Einschläge in der Nähe konnten mich allerdings nicht beruhigen. Unsere nächsten Verwandten wohnten in Floridsdorf in einem Gemeindebau, der von einer Bombe getroffen wurde, die seitlich ins Gebäude einschlug und bis in den Keller vordrang. Vierzehn Menschen, die dort Schutz suchten, davon vier von unserer Verwandtschaft, waren zu beklagen. Doch endlich, endlich, nach langem Bangen und Zittern, wurden die Bombenangriffe eingestellt. Die Russen hatten Wien eingenommen. Meine Mutter litt an einer Stirnhöhleneiterung und hatte einen dicken Verband um ihren Kopf gebunden, was nachträglich betrachte für sie ein Segen war, denn als die ersten Russen die Stadt erobert hatten, gingen sie von Keller zu Keller und holten mehrere junge Frauen ab, die völlig verstört erst am nächsten Morgen zurückkamen. Mir als Kind war damals nicht klar, warum einige dieser Frauen so verzweifelt waren. Meiner

Mutter blieb diese Tortur erspart, da die Russen glaubten, sie hätte eine ansteckende Krankheit.

Nun kamen die ersten Züge mit Soldaten, die aus der Gefangenschaft entlassen wurden, in Wien an. Meine Mutter war mit mir bei jedem Transport am Bahnhof und hoffte und hoffte, dass mein Vater dabei sein würde. Doch unter Tränen der Verzweiflung drückte sie mich und musste sehen, wie andere Frauen voller Freude ihre Männer in die Arme nahmen. Mein Vater war nie dabei! Als es feststand, dass mein Vater nicht mehr zurückkehren würde, wurde er offiziell für tot erklärt. Meine Mutter bekam eine kleine Witwenrente, die sie sich durch Putzarbeit und im Winter mit Schneeschaufeln – damals gab es ja noch strenge Winter mit viel Schnee – aufbessern konnte."

„Die Nachkriegszeit: Ja, es ist schwer darüber zu urteilen, waren doch die Deutschen und Österreicher die Aggressoren und somit die Feinde dieser Russen, die nun ihre Rachegelüste an der Bevölkerung stillen wollten. Erich, das waren die Sch-Schrecken des Krieges. In Wien war alles zerbombt, in Ruinen, doch Bundeskanzler Figl erbat von den Menschen Zuversicht: ‚Glaubt an dieses Österreich!' Wir hatten Glück, unser Haus blieb von den Bomben verschont, aber in der Nähe gab es zahlreiche Bombentrichter, in denen wir Kinder oft spielten, obwohl es uns verboten war. Meine Mutter nahm mich mit zur Alten Donau; ich kann mich noch gut erinnern, wie dort Russen Handgranaten ins W-Wasser warfen und dann die an der Oberfläche schwimmenden toten Fische einsammelten. Und ein Erlebnis prägte sich tief in mein Bewusstsein: Leute zogen einen toten Russen, der noch seine Uniform anhatte, aus dem Wasser. Er muss schon einige Zeit darin gelegen sein, denn seine Hände waren so aufgequollen, dass es für mich aussah, als hätte er w-weiße Handschuhe an.“

„Meine Großeltern, die Eltern meiner Mutter, wohnten in Floridsdorf beim Wasserpark. Damals konnte man dort noch mit dem Boot unter den kleinen Brücken hindurchfahren und auch auf einer Insel Picknick machen. Heute ist der Park mit dem Boot nicht mehr erreichbar, aber zu einem Vogelparadies geworden. Das Haus, meiner Großeltern, das 11er-Haus, gibt es jetzt auch nicht mehr. Es war ein einstöckiges Miethaus mit altem Mauerwerk und einem großen Tor, das zu einem Innenhof führte, um den sich mehrere Wohneinheiten reihten. Wasser war am Gang, hier konnten sich die Bewohner bei der Bassena ihre Kannen und Krüge füllen. Der Waschtag war für mich auch gleichzeitig der Badetag. Im Trog wurde ich von meiner Mutter in der Waschlauge abgeschrubbt. Das ‚Häusl‘, du weißt, die Toilette, war eine Gemeinschaftseinrichtung, ebenfalls draußen auf dem Gang und recht unangenehm für jene, die mal dringend mussten und auf jemand bei einer langen Sitzung trafen. Deshalb war es nicht selten, dass die meisten Leute einen Nachttopf, einen sogenannten ‚Scherm‘, zur Sicherheit unter ihrem Bett im Schlafzimmer verwahrten. Immer wenn meine Mutter zu den Großeltern von Kagran nach Floridsdorf fuhr, hatte sie mich in einem Kindersitz hinten am Fahrrad sitzen. Die Strecke zwischen den Gärtnereien war mit Bombentrichtern übersäht. An manchen Stellen befanden sich Zeitzünder im Boden versteckt, von denen man nie wissen konnte, wann sie hochgehen. Es ist mir heute noch frisch im Gedächtnis, wie meine Mutter, wenn wir uns einem dieser gefährlichen Stellen näherten, zurief: ‚Erich, … jetzt, jetzt, jetzt … gleich sind wir vorbei!‘ – und ich dann ihren Atem vor Erleichterung hörte, als die Gefahrenzone außer Reichweite war. Entlang der Alten Donau, beim Gasthaus Birner, überholte uns einmal ein Pferdefuhrwerk auf dessen Kutschbock zwei volltrunkene Russen auf die Rosse mit der Peitsche eindroschen. Der Wagen streifte das Fahrrad und brachte meine Mutter mit mir zu Fall. Bis auf kleine Abschürfungen geschah uns gottlob nichts; wir konnten weiterfahren, doch der Schreck saß tief.“

Leo machte, mir zuhörend, beidhändig einige schnelle Striche mit zwei Kugelschreibern auf einem weißen Blatt Papier, das sich in seiner roten Mappe befand, schüttelte den Kopf und sagte: „Erich, stell dir vor, du erzählst heutzutage einem Jugendlichen von diesen Dingen; er wird dich wahrscheinlich ungläubig ansehen.“

„Ja, Wien war eine zerbombte Stadt, von den vier Alliierten besetzt, die Menschen arm, hatten wenig zu essen, die meisten Väter waren noch in Gefangenschaft. Diebstähle waren äußerst selten, denn die Menschen besaßen wenig, für das es sich gelohnt hätte, einzubrechen. Es gab auch keine Sicherheitstüren; unsere Türe hätte man mit einem Sperrhaken öffnen können. Im Hof kamen manchmal Tandler vorbei, die ihre Waren lautstark anpriesen: ‚Schöne, resche Äpfel, Maschansker – ein ... Kilo ... fünf ... Schilling!‘ und der Nächste: ‚An Lavendel hamma do, kaufts ma an o!‘ Dann kamen Sänger vorbei, die Wienerlieder trällerten und darauf hofften, dass ein paar Münzen, in Zeitungspapier gewickelt, aus einem Fenster geworfen werden. In unserer Gasse, wahrscheinlich erinnerst du dich noch, gab es die Milchfrau, bei der wir Milch mit einer Kanne abholten, und den Greißler, ein Lebensmittelgeschäft, wo man ‚aufschreiben' lassen konnte und die Schulden dann erst am Ende der Woche begleichen musste. Eine Bensdorp Schokolade gab's um einen Schilling. Und kannst du dich noch an den Bazooka-Kaugummi erinnern mit den Karl-May-Bildchen?"

„Na klar! Wir haben die doch alle in Sammelalben geklebt. Manche dieser Darstellungen waren so selten, dass sie oft gegen mehrere andere, viel häufiger erscheinende Bilder eingetauscht wurden. Und mit dem Bazooka Kaugummi konnte man so riesige Bubbles machen und dann mit lautem Knall platzen lassen."

„Bei uns an der Ecke, beim Lebensmittelgeschäft, kam zweimal pro Woche der Eismann vorbei. Richtige Kühlschränke gab es noch nicht. Von einem riesigen Block Eis wurden Teile abgehackt, die man in einer Schüssel nach Hause brachte und im Eiskasten damit die spärlichen Lebensmittel kühlen konnte. Es gab wenig zu essen; kein Gemüse im Winter. Wir hatten einen kleinen Radio, diesen kleinen schwarzen viereckigen Volksempfänger. Erst viel später konnten wir uns einen damals modernen Ingelen-Radio, den mit den weißen Tasten und dem ‚Magischen Auge', leisten."

„Ja, es waren karge Zeiten. Aber Erich, uns K-Kinder ging es noch gut, für uns war immer ein Stück Brot übrig – und bald gab es für Unterernährte die Ausspeisung in der Schule. Als Vorspeise beglückte man uns mit Lebertran-Kügelchen, hmm … g-ganz grauslich. Die Suppe, die wir in der Schule bekamen, verdiente den Namen nicht, da sie fast nur aus Wasser bestand – und ich, in meinem Übermut, füllte den Löffel, spannte ihn zwischen zwei Fingern und schoss diese Ladung über meine Schulter. Dummerweise stand der Aufsichtslehrer, Herr Riegler, hinter mir und bekam diesen Schwall auf sein Hemd. Mehr brauchte ich nicht! Er holte mich heraus, und ich m-musste zur Strafe eine Stunde mit gestreckten Armen über meinem Kopf meine Schultasche balancieren. Dazu nahm er den Schwamm von der Tafel, befeuchtete ihn, setzte ihn auf meinen Kopf und verkündete grinsend: ‚Wenn die Schultasche nass ist, stehst du noch eine Stunde.' Diese Episode werde ich n-nie vergessen. Stell dir vor, eine Lehrkraft würde das heutzutage machen. Es gab kein Zurückreden oder Rausrufen, ohne vorher aufzuzeigen. Damals herrschten noch strenge Sitten."

„Lemmi, das waren andere Zeiten! Bevor ich mit der Schule begann, wurde ich zur Erholung mit einem Kindertransport für zwei Monate in die Schweiz geschickt. Damals waren wir Kinder alle unterernährt. Ich kam zu einer Pflegefamilie in Au-Oberwichtrach, die eine Gärtnerei hatte. Es waren sehr religiöse Leute und Vreneli, die Tochter des Hauses, die die Aufgabe hatte, sich um mich zu kümmern, nahm mich wöchentlich in die Sonntagsschule mit, wo mir neben der Unterweisung aus der Bibel auch das Schreiben in Blockbuchstaben beigebracht wurde. Dadurch war es mir möglich, einfache Briefe an meine Mutter zu schreiben. Fritz, der ältere Sohn, ein schon erwachsener Mann, versuchte der Geige harmonische Töne zu entlocken, was mir – und das blieb mir in Erinnerung – wie Geheule einer gequälten Katze in den Ohren haftete. Hansli, der jüngere der beiden Söhne, nahm mich zur nahegelegenen Aare mit, wo wir mit Netz und Angel kleine Fische erhaschten, die er für uns zu Hause in heißem Öl ausbriet. Die Familie hatte einen kleinen Lastwagen, den man durch

Überbauen der Ladefläche und Umstellen der Sitze in ein Personenfahrzeug wandeln konnte. Mit diesem Gefährt machten sie mit mir Ausflüge und zeigten mir unter anderem auch den Berner Zoo. Für mich war es eine schöne Zeit in der Schweiz, doch war ich auch recht froh, nach den drei Monaten wieder meine Mutter zu sehen."

„Ja, Erich, da muss du es ganz gut getroffen haben. Ich war auch auf so einem Kindertransport. Bei mir ging es zu einer Familie nach Portugal. Ich weiß nicht, war es Heimweh oder die Sehnsucht nach meinen Freunden, aber ich fühlte mich immer wie eingesperrt. Letztendlich war ich heilfroh, als die zwei Monate vorüber waren. Ich wollte nicht mehr von zuhause weg. Meine Eltern hatten die kleine Firma mit der Glashausproduktion aufgebaut und für mich als Kind gab es da im Betrieb immer interessante Möglichkeiten zu basteln und zu spielen."

Leos Augen wirkten während dieses Gesprächs fast immer etwas betrübt, doch plötzlich hellten sie sich auf, und mit einem Lächeln meinte er schelmisch: „Erich, ich m-muss dir etwas Witziges erzählen. Du kennst doch den Zaun, der um den Spielplatz in der Meißnergasse führte; da gab es dieses Tor ohne Türe. Ich war gerade im Begriff, aus dem Spielplatz heraus durch das Tor zu gehen, als mir von der anderen Seite eine enorm dicke Frau mit einem winzigen Chihuahua entgegenkam. Ihr Platz machend, trat ich zur Seite, um sie durchzulassen, worauf sie mir versicherte: ‚Du brauchst keine Angst haben, der beißt nicht!' Es fiel mir schwer, ernst zu bleiben."

„An die Dicke mit ihrem Rehrattler erinnere ich mich auch. Der Zwerg musste manchmal bellen, um nicht mit einer Ratte verwechselt zu werden."

Ich lachte und griff das Gespräch wieder auf: „Ja, ich war dann noch ein zweites Mal auf so einem Kindertransport; und zwar in Holland bei einer Pflegefamilie, die mich in den Schulferien aufnahm. Der Vater war Lehrer – ich ging dort auch drei Wochen zur Schule – und die Mutter Hausfrau, die mich und ihre zwei eigenen Kinder betreute. Sehr katholisch; es wurde vor jedem Essen gebetet und am Sonntag war der Kirchenbesuch obligatorisch. Ja, sehr katholische Leute; als ich sie später nochmals besuchte, hatten sie fünf Kinder – und schließlich waren's sieben!"

Leo grinste und antwortete: „Ja, solange solche Menschen leben, wird's keinen Kindermangel geben!"

Während ich erzählte, fiel mir auf, dass Leo, obwohl er aufmerksam zuhörte, die rote Zeichenmappe aufgeschlagen hatte, in der er auf einigen Blättern rasche Skizzen mit zwei Kugelschreibern von Szenen im Lokal herstellte. Was erstaunte, war, dass Leo diese Skizzen beidhändig anfertigte. Darauf angesprochen, lachte er und sagte, dass er immer schon mit beiden Händen schreiben und zeichnen konnte, und gab zu verstehen, dass er diese Zeichnungen – er nannte sie ‚Birographien' nach Laszlo Biro, dem Erfinder des Kugelschreibers – manchmal, um sich seine Rente ein wenig aufzubessern, willigen Gästen für ein paar Cent anbieten wolle. Leider fehle es den meisten Menschen aber an Kunstverständnis und daher käme es nur allzu selten zu einem Handel. Als ich einen Fünf-Euro-Schein auf den Tisch legte, um die soeben vollendete Skizze zu erwerben, beteuerte Leo, dass er von mir kein Geld annehmen könne, und es bedurfte einiger Überredung, bis Leo zaghaft, aber dann doch recht schnell, unter mehrfacher Beteuerung, dass ich viel zu großzügig sei, den Schein in seiner Tasche verschwinden ließ und rasch das Thema wechselte.

„In den Ferien machten wir doch damals diese Radtour durch halb Österreich. Wir waren zu viert und keiner von uns hatte ein F-Fahrrad mit Schaltung. Bei der geringsten Steigung mussten wir absteigen und das Rad schieben. Nach dem Semmering ging es hinunter nach Mürzzuschlag, wo wir im Wald genächtigt haben. Weißt du noch, wie Koller Franz die Suppe kochen wollte, kein trockenes Holz fand und wir schließlich das F-Feuer löschen mussten, da der ganze Wald schon von Rauch qualmte? In der Nacht hat es dann geregnet und wir wurden anständig durchnässt. In Leoben bereitete uns deine Großmutter die erste ausgiebige Mahlzeit. Für ein Fremdenzimmer gab's kein Geld. In Salzburg bezahlte uns die Tante von Alois dann großzügigerweise die Nacht in einer Jugendherberge. Die paar Schilling, die jeder von uns mithatte, reichten gerade für die spärliche Kost. Aber wir hatte Spaß. Wenn man jung ist, ist das doch das Wichtigste.

Erich, erinnerst du dich noch, wie viele Maikäfer es früher gab? Heute findest du keine mehr. Der Kerschmeier Peppi, du weißt, der mit den roten Haaren, hat einmal in einem Plastiksackerl an die fünfzig Stück gesammelt und sie dann im dunklen Kinosaal freigelassen, wo sofort alle zur hellen Leinwand flogen. Das darauffolgende Chaos ist mir in guter Erinnerung. Das Kino in Kagran war ja unser gemeinsamer Treffpunkt. Die Filme mit dem nuschelnden Hans M-Moser, mit Peter Alexander, Caterina Valente, Trude Herr, Theo Lingen und Gunther Philipp waren damals unsere Favoriten. Ja, und alle die mit Conny Froboess und Peter Kraus sind auch unvergesslich. Dazu gab es dann die Kinoprogramme. Hast du sie auch gesammelt?“

„Nein, die nicht. Aber ich weiß noch, welche Straßenfeger die Edgar-Wallace-Filme damals waren. Und erst der Film ‚Außer Rand und Band‘, bei dem sogar zum Bill-Haley-Song ‚Rock Around the Clock‘ im Kino getanzt wurde. Dann Little Richard mit seinem ‚Tutti Frutti‘ und, ja, auch Elvis Presley, The King of Rock‘n‘Roll. Wow, das waren Zeiten!“

„Ha, Erich, das muss ich dir erzählen: Der Peppi hat mir einmal verraten, wie er mit einer Kinokarte zwei Filme gesehen hat. Die K-Kinos in Kagran und Stadlau spielten dieselben Filme immer um eine halbe Stunde zeitversetzt. Das heißt, die Filmrollen wurden per Motorradpendler hin und her gebracht. Der Donnerstag war immer der Tag der Programmänderung. So kaufte sich Peppi im Vorverkauf eine Kinokarte für F-Freitag – damals gab es nur diese einfachen Papierstreifen mit Abriss – und ging mit dieser Karte schon am Donnerstag kurz vor Filmbeginn ins Kino. Da er wusste, dass die B-Billeteurin nie das Datum kontrollieren würde und an diesem Tag der Saal auch nicht ausverkauft sein sollte, setzte er sich auf einen leeren Platz und genoss die Vorstellung. Er bewahrte die Karte auf, ging am folgenden Tag mit dieser Karte zum Eingang und unter dem Vorwand, er habe den Abriss verloren, aber eine mit dem richtigen Datum gestempelte Karte, wurde ihm Einlass gewährt. Welch ein Schlaumeier, dieser Peppi! Ja, und die Kracher, die Rowdys, die er vor dem Kino angerieben hat und sich dann leise von der Menschenansammlung entfernte, bevor es zur Detonation kam. Der Peppi war schon ein eigenartiger Typ; oft habe ich mich gewundert, was wohl aus ihm geworden ist."

„Ja, Leo, den Peppi kannte ich gut. Er hatte mit mir in der Schülermannschaft vom Hellas-Kagran Fußball gespielt. Er spielte Libero, ich Rechtsaußen. In unserer Mannschaft spielte auch Franz Wöhrer, der später ein renommierter internationaler Schiedsrichter wurde. Nie vergessen werde ich die Begegnung gegen Aspern, die wir 14:0 gewannen, da die Buben von Aspern mit nur sieben Spieler angereist kamen. Wir spielten nur auf das gegnerische Tor. Franz schoss sieben Tore und ich drei. Auch Leopold Grausam hat in der Jugend bei Hellas gespielt. Poldl ist dann umgezogen, hat eine Karriere bei Rapid gemacht und es sogar ins Nationalteam geschafft. Später bin ich dann von Hellas-Kagran zum FC Stadlau gewechselt. Stadlau war damals in der B-Liga vertreten und wir Jugendspieler konnten somit in Wien in der höchsten Liga gegen die großen Vereine wie Rapid und Austria spielen. Ich glaube, es war im 58er Jahr, als ich einmal mit Stadlau in Hütteldorf gegen die Rapid-Jugend spielte, in der Rudi Flögel, der spätere Internationale, vertreten war."

Plötzlich zwinkerte Leo und fragte schelmisch: „Erich, du k-kennst dich doch gut beim Fußball aus. Weißt du, wer Waldemar Graziano war?"

Ich dachte kurz nach und antwortete dann: „Nein, ich muss zugeben, den kenn ich nicht. Wo hat der gespielt?"

„Bei der Wiener Austria. Und du k-kennst ihn sicher: Sein Spitzname war Murli Jacare. Der erste Schwarze in einer österreichischen Mannschaft."

„Natürlich! Jetzt weiß ich, wen du meinst; er wurde nie mit seinem richtigen Namen gerufen. Murli war seinerzeit keine Beleidigung, eher ein Kosename. Heutzutage gibt es fast bei jedem Verein Spieler aus Afrika – und Murli wäre eine nicht zeitgemäße Bezeichnung. Ja, damals gab es auch Helmut Köglberger, den Sohn eines dunkelhäutigen US-Besatzungssoldaten und einer österreichischen Mutter. Er spielte in der Nationalmannschaft, war Meister mit dem LASK und auch mit der Wiener Austria – beim LASK sogar Schützenkönig."

„Der Hellas-Platz, den gibt's noch immer; direkt neben unserer Hauptschule. Gleich daneben war die Erzherzog-Carl-Kaserne, in der die Russen einquartiert waren. Die gewöhnlichen russischen Besatzungssoldaten waren bedauernswerte Würstchen. Ein solcher Kerl in einer r-ramponierten Uniform hat mir einmal ein paar abgegriffene Fotos unter Tränen von seiner Familie gezeigt, die er schon seit einer Ewigkeit nicht mehr gesehen hatte. Zu dieser Zeit gab es kein Handy, kein Internet und so weiter. Ich ließ ihn dann mit meinem Fahrrad eine Runde drehen, da ich mir sicher war, dass dieser Kerl mein Rad nicht stehlen würde."

„Ja, diese Typen taten mir auch leid. Sie waren zwar die Sieger im Krieg und dennoch als Besatzungssoldaten in einem für sie fremden Land. Krieg ist nie schön, auch nicht für die Sieger."

„Erich, ich weiß noch, während der Besatzungszeit – zehn Jahre waren die Alliierten in Österreich; das Land war in vier Zonen aufgeteilt – es gab in Wien diese Militärpatrouille, die in der g-ganzen Stadt herumfuhr: ‚Die Vier im Jeep', je ein Mann: ein Russe, ein Ami, ein Engländer und ein Franzose. Man machte dann sogar einen Film davon."

„Meine Großeltern, die Eltern meines Vaters, lebten in Leoben. Da die Steiermark von den Engländern besetzt war, Niederösterreich und der Nordosten von Wien aber von den Russen, gab es am Semmering die Demarkationslinie. Meine Mutter hatte einen Identitätsausweis, durfte aber dennoch nicht zu meinen Großeltern in die Steiermark, denn dort befand sich die englische Zone. Mit einem einheimischen Schleuser, der das Waldgebiet des Semmerings gut kannte, gelang es ihr, heimlich in der Nacht über die Linie zu gelangen. Für den Schleichweg zurück bedurfte es allerdings drei Nächte, da die Russen verstärkte Kontrollen durchführten."

„Du weißt es ja, Erich, wir Kinder hatten von den Russen nichts zu fürchten. Meist waren sie nett zu uns. Für uns gab es sogar Filme in Stadlau, wo wir gratis Einlass fanden. Selbstverständlich immer mit einer W-Wochenschau voll von sowjetischer Propaganda. Mir war die politische Ausrichtung damals auch völlig egal; ich ging in kommunistische USIA-Läden einkaufen, spielte Fußball nach dem katholischen Katechismusunterricht von ‚Schwester Poldi' im Pfarrheim und beteiligte mich bei M-Musikveranstaltungen in der SPÖ-Baracke."

„Unsere Hauptschule in der Natorpgasse befand sich direkt neben der Kaserne, wo die Soldaten in einer Grube manchmal Schießübungen veranstalteten, die wir bis ins Klassenzimmer hörten."

Ich dachte kurz nach, schaute in den Saal und, als wäre mir ein plötzlicher Einfall zugekommen, wechselte ich das Thema und sagte: „Ha, Lemmi, mir fällt gerade die lustige Episode ein, die du in der Klasse veranstaltet hast. Weißt du noch, du hast heimlich mit einer Lupe unter der Bank die gebündelten Sonnenstrahlen auf ein Stück Plastik treffen lassen, das dann plötzlich in Rauch und Gestank aufging. Der Mathelehrer, ich glaub, sein Name war Gold oder Mold, ich bin mir nicht sicher, hat den Rauch gesehen und dich aus der Klasse hinaus zum Direktor geschickt. Als du in die Klasse zurückgekehrt bist, hast du verschmitzt gegrinst. Ich habe dich gefragt, warum du so grinst, und du hast mir leise geantwortet: ‚Ich habe dem Direktor gesagt, dass ich einen Gestank gemacht habe', worauf er zu dir sagte: ‚Nächstes Mal gehst du halt zeitgerecht aufs Klo!' Darüber haben wir noch lange gelacht."

Leos Augen begannen sich zu erhellen und ein schelmischer Zug um seine Lippen ließ erkennen, dass er diese Begebenheit nicht vergessen hatte.

„Ich weiß noch, Leo, in der Schule gab es das Fach ‚Stenographie'. Bei der Prüfung hat uns die Lehrerin, ich erinnere mich nicht mehr, wie sie geheißen hat, den Text vorgesprochen und wir sollten ihn in Steno notieren. Ich war aber immer in normaler Schreibschrift schneller. Ja, wenn du zurückdenkst, damals brachte man uns auch noch die Kurrentschrift bei. Für mich war das gar nicht schlecht, da meine Karl-May-Bücher in der alten deutschen Schrift gedruckt waren und ich sie daher flüssig lesen konnte. Meine Mutter, die zwar kein Kurrent mehr schrieb, machte immer noch in gewohnter Manier einen Haken über dem U, um es vom N zu unterscheiden. Und unser scharfes ß stammt ja vom kurrenten langen S und dem Z."

„Hm, Erich, diese Sachen, um es ehrlich zu g-gestehen, haben mich in der Schule wenig interessiert. Eigentlich waren wir in unserer Kindheit und Jugend sehr angepasst. Einige Burschen in unserer Bekanntschaft verhielten sich da ganz anders und kamen manchmal mit dem Gesetz in Konflikt. Das blieb uns, gottlob, erspart. Aber so kleine Scherze, so lässliche Sünden, waren ja doch an der Tagesordnung, denn wenn ich heute zurückdenke, so fällt mir der Spruch von William Sommerset Maugham ein, der meinte: ‚Im Alter bereut man vor allem die Sünden, die man nicht begangen hat.‘ Ich weiß noch s-sehr gut, wie wir den einfältigen Kortner Fredl hinters Licht führten. Im Jahr 1953 war doch die Krönung der englischen Königin Elisabeth und bei uns im Kino spielten sie den Film ‚Eine Königin wird gekrönt‘. Wir haben Fredl erzählt, dass es sich dabei um einen spannenden Krimi handelt und uns zerkugelt, als er sich dafür Karten kaufte.“

„1954 war doch die Fußball-WM in der Schweiz. Ich erinnere mich noch recht gut daran. Nach den zwei Siegen unserer Mannschaft gegen Schottland und die Tschechoslowakei, gab es dann das epochale Spiel – es wurde später als Hitzeschlacht bezeichnet – gegen den Gastgeber in Lausanne. Als begeisterter Fußballfan lauschte ich der Übertragung im Radio. Fernseher gab es noch keinen. Innerhalb kurzer Zeit stand es 3:0 für die Schweiz. Der Traum vom Aufstieg in die nächste Runde war undenkbar – aber es kam dann doch anders. Österreich gelang der Ausgleich – und letztendlich ein 7:5-Sieg. Ein Torreigen, der, glaube ich, seither nie mehr bei einem WM-Spiel übertroffen wurde. Weniger ruhmreich war dann die 1:6-Niederlage gegen Deutschland. Allerdings konnten sich unsere Spieler rehabilitieren, indem sie das Spiel gegen den amtierenden Weltmeister Uruguay mit 3:1 gewannen und so den ehrenvollen dritten Platz errangen. Ein Resultat, das wohl nie mehr einer österreichischen Mannschaft bei einer

WM gelingen wird. Zu dieser Zeit war es auch, dass mich in den Schulferien die Familie aus Holland, die mich nach dem Krieg als Pflegekind aufgenommen hatte, nochmals einlud. Als praktizierende Katholiken hatten diese Leute in der Zwischenzeit zwei weitere Kinder gezeugt und mich dankenswerterweise nun wieder aufgenommen. Auf der Reise mit dem Zug durch Deutschland – es war der 5. Juli 1954 – tanzten die Menschen vor Freude auf den Bahnsteigen, denn tags zuvor hatte die deutsche Nationalmannschaft gegen die favorisierten Ungarn den WM-Titel gewonnen. Ein 3:2-Sieg, der als ‚Das Wunder von Bern' in die deutsche Fußballgeschichte einging. Man machte davon sogar einen Spielfilm."

„Hm, dann warst du ja während des Hochwassers Mitte Juli gar nicht in Wien. Damals wurde der Handelskai, die Brigittenauer L-Lände und auch hier im 22. Bezirk vieles unter Wasser gesetzt. Der Schaden war riesengroß. In Wien gab es vor der Regulierung der Donau viele Au-Gebiete: Stadlau, Brigittenau, Leopoldau und einige mehr, die immer von Hochwasser gefährdet waren, aber nun begann man endlich zu überlegen, wie man das Problem langfristig lösen könnte. Es dauerte allerdings noch etliche Jahre, bis man sich zum Bau der Entlastungsrinne durchringen konnte. Heute ist die 21 Kilometer lange Donauinsel, die auf der Fläche des damaligen Inundationsgebietes errichtet wurde, von W-Wien nicht mehr wegzudenken."

„Ich weiß noch, dass am Überschwemmungsgebiet früher oft Tombolas veranstaltet wurden. Meine Tante hat mich einmal dazu eingeladen und wir waren etwas enttäuscht, als sich herausstellte, dass es uns nicht gelang, irgendeinen Preis mit nach Hause zu nehmen. Ja, Leo, dann waren die letzten Ferien, bevor wir unsere Schulzeit beendeten. Im letzten Schuljahr – Leo, du weißt es sicher noch – sind wir für die letzten drei Wochen von der Natorpgasse in die damals neue Schule in der Afritschgasse übersiedelt. Hier war es auch, dass wir am 15. Mai 1955 im Schulfunk die Übertragung aus dem Schloss Belvedere zu Ohren bekamen, als Außenminister Figl verkündete: ‚Österreich ist frei!‘ Der Staatsvertrag wurde zehn Jahre nach Kriegsende, nach langen, zähen Verhandlungen, von den Vertretern der Besatzungsmächte endlich unterzeichnet.“

„Ja, ja, das weiß ich noch. Wir hatten bei uns im B-Büro ein Bild von diesem Ereignis hängen. Der 26. Oktober wurde dann zum Nationalfeiertag – oder zum ‚Tag der Fahne‘, wie er damals hieß. Endlich ging die Besatzungszeit nach langen zehn Jahren zu Ende.“

„Apropos Kriegsende und das mühsame Aufarbeiten der Entnazifizierung danach: Wenn man von der Wagramer Straße kam, die damals noch mit Kopfsteinpflaster ausgelegt war, und die Steigenteschgasse hinunter zu unserer Hauptschule spazierte, konnte man am 1. Mai – damals war ja immer alles beflaggt – bei manchen rot-weiß-roten Fahnen, die das Logo der SPÖ mit dem Kreis und den drei Pfeilen schmückten, im Gegenlicht das herausgetrennte Hakenkreuz erkennen. Warum sollte man auch eine noch brauchbare Fahne entsorgen?“ Ich kicherte still vor mich hin und setzte fort: „Im September 1955 begann ich eine Lehre als Positivretuscheur in der Österreichischen Staatsdruckerei. Allerdings war mein Lehrherr ein akademischer Maler und hatte von Retusche wenig Ahnung. Daher sandte man mich zur besseren Ausbildung auf die Graphische

Lehr- und Versuchsanstalt, wo mir in Kursen die Arbeit mit dem Luftpinsel beigebracht wurde.

Meine Freizeit verbrachte ich oft mit Arbeitskollegen. Wir waren bei Bällen in den Sophiensälen, immer in Erwartung, hübsche Mädels kennenzulernen. Einmal wagte wir zu dritt sogar einen Besuch ins Cabaret Renz in der Zirkusgasse. Damals war es ein eher harmloses Striplokal, allerdings für uns junge Lehrlinge sowohl interessant als auch recht kostspielig. Daher bestellten wir eine Flasche Champagner. Nein, nein, nicht für jeden eine Flasche, dafür reichten unsere Finanzen nicht. Eine Flasche für uns drei. Und wir mussten damit haushalten, denn sobald man einen Schluck machte, wollten die leichtbekleideten Serviermädchen sofort das Glas nachfüllen. Heute bin ich gar nicht sicher, ob damals das Getränk tatsächlich Champagner war. Doch, ja, die Stripshow war für uns aufregend und zufriedenstellend.

Zu dieser Zeit hatte ich ein Puch-Moped; 50ccm, Einsitzer mit Tretpedalen. Immerhin, dieses Gefährt brachte mich von Wien nach Innsbruck. Bei der Reichsbrücke begann es zu regnen und erst in Wörgl hörte es auf; nach 17 Stunden traf ich aufgeweicht in Innsbruck ein – und das alles einer Liebschaft wegen. Jugendlicher Irrsinn!“

„Das m-muss ja eine ganz besondere Herzensangelegenheit gewesen sein.“

„Ja, ja – das war dasselbe Mädchen, das ich auch später besuchte, als du mit mir am Sozius der Vespa mitgefahren bist. Die Zuneigung schien nur einseitig gewesen zu sein. Entfernung ist der Tod jeder Liebe; ganz besonders, wenn man jung ist.“

Als ich das kundtat, merkte ich, wie Leo die Augen senkte, auf das Zeichenblatt starrte und zu zittern begann. Er legte die beiden Kugelschreiber zur Seite, schloss die rote Mappe und sagt – mehr zu sich selbst: „Es ist jetzt f-fertig!“

Ich wollte Leos offensichtliche Irritation nicht hinterfragen und kramte daher aus meinem Sack ein Taschentuch hervor, mit dem ich mir, um Zeit zu gewinnen, die Nase putzte. Als ich aufschaute, hatte sich Leo beruhigt und berichtete: „1956 war doch dann der Aufstand in Ungarn gegen das kommunistische Regime. Sowjetische Panzer machten aber gegen diese Erhebung kurzen Prozess. In der Folge flüchteten viele M-Menschen über die Grenze nach Österreich. Unsere Familie nahm zwei Flüchtlinge auf und wir verpflegten sie, bis sie die Zusage bekamen, in Kanada eine neue Heimat zu finden.“

„Ja, Lemmi, daran erinnere ich mich noch sehr genau, denn der Aufstand begann am 23. Oktober 1956; und das war an meinen 16. Geburtstag. Übrigens, auch der brasilianische Fußballstar Pele hat an diesem Tag seinen Geburtstag. Ja, sechzehn! Im Teenageralter; voll Hormone. Wir liebten die Songs von Elvis Presley, sahen den Film ‚Love me Tender‘ im Kino. Fernsehen gab es da bei uns zu Hause noch nicht. Ich erinnere mich aber noch sehr gut, dass ich die Fußball-WM, die 1958 in Schweden stattfand, in einem Gasthaus gesehen hatte. Natürlich noch in schwarz-weiß. Das Endspiel war zwischen der Heimmannschaft Schweden gegen die Brasilianer. Der junge geniale Pele schoss im Finale zwei Tore und Brasilien wurde damals mit 5:2 Weltmeister.“

„Erstaunlich, was du dir alles gemerkt hast. Von Fußball habe ich nicht viel Ahnung. Ich weiß nur, dass schon im Jahr 1955 zur Wiedereröffnung der Staatsoper eine Fernsehübertragung stattfand und dann am Abend für kurze Zeit Sendungen liefen. Wir waren damals eine der Ersten, die ein TV-Gerät hatten. Damals war F-Fernsehen noch eher ein Luxus."

„Du hast recht. Wir konnten uns damals kein Gerät leisten, aber es gab die Möglichkeit, in einigen Gasthäusern, die in eigenen Räumen ein Gerät stehen hatten, gemeinsam mit anderen Gästen Sendungen zu sehen. Alles noch in schwarz-weiß. Die Gastwirte kamen dadurch zu guten Einnahmen. Gasthäuser gab es ja recht viele. Entlang der Wagramer Straße waren der Novak, der Schüpferling, der Fischer und der Falk. Und ums Eck war der urige Urban, wo ein rauchender schwarzer Ofen gleich neben der Theke stand. Kurz nachdem ich meine Lehrzeit beendet hatte – es war im Herbst 1959 – musste ich zum Bundesheer und war in der Artilleriekaserne in Baden bei Wien stationiert. Ich denke, dass ich zur Verteidigung unseres Vaterlandes nicht wesentlich beitragen konnte, denn ich verbrachte die meiste Zeit mit dem Erstellen von Ballistik-Tabellen für den Lehrsaal, dem Ausfüllen von Überzeitscheinen und gelegentlich mit Einkäufen von Büromaterial. Im Sommer 1960, damals gab es ja noch neun Monate zu dienen, war dann der Spuk zu Ende."

„Erich, bei mir verlief die Sache etwas anders: Ich musste zur Musterung, war auch eingerückt, aber nach zwei M-Monaten wurde ich wegen Unabkömmlichkeit im Betrieb wieder ausgemustert. Damals, ja damals … lief bei uns in der F-Firma noch alles recht gut."

Leo versuchte eine plötzlich hereinbrechende Erinnerung mit vorgeschützter Fröhlichkeit wegzudrängen, was ihm aber eher schlecht als recht gelang. Daher lag es an mir, nicht näher nachzuhaken und mit raschem Themenwechsel das Gespräch fortzusetzen.

„Meine Tante arbeitete als Friseurin bei der Staatsoper und als 1960 in Salzburg das neue Opernhaus mit dem ‚Rosenkavalier' eröffnet wurde, hatte sie Gelegenheit mit dem großen Maestro Herbert von Karajan zu sprechen. Von dieser Begegnung hat sie mir mit Begeisterung erzählt. Dass ich es nicht vergesse: Es war doch, ja, es war 1961, als Juri Gagarin als erster Mensch ins All gesandt wurde. Zuvor hatten die Russen doch diese Hündin, die Laika, schon zu Testflügen hinaufgeschickt. Allerdings hat das arme Tier es nicht überlebt. Weißt du noch?"

„Ja, gewiss! Im selben Jahr als Gagarin seinen Flug überstanden hatte, war dann auch das Treffen von Chruschtschow mit Kennedy in Wien. Und, ja, im Sommer begann man dann mit dem Bau der M-Mauer in Berlin. Der ‚Eiserne Vorhang', der den Westen vom kommunistischen Osten trennte, wurde mehr und mehr zugezogen. Gottlob gibt es den nicht mehr."

Im Laufe seiner Ausführung öffnete Leo nun wieder seine rote Mappe und mit flinken Strichen skizzierte er – wie in Gedanken verloren – eine Steinmauer mit einer Taube und rasch hernach einen Formel-Eins-Boliden. Ich war von Leos Fähigkeit, mit beiden Händen zu zeichnen, fasziniert und nickte anerkennend, während Leo seine Erinnerungen fortsetzte.

„Sag, Erich, warst du je am Flugplatz in Aspern, dort, wo es die Autorennen gab?"

„Nein, ich war selbst nie dort, aber ich weiß, dass es diese Rennen gab."

„Ja, ja, ich habe dort seinerzeit einige bekannte Fahrer sehen dürfen. Der junge Niki Lauda fuhr dort; auch Jim Clark und der unvergessene Jochen Rindt, der leider zu früh verstorben ist. Aber auch der Schauspieler Gunther Phillip gewann in seiner Kategorie einige Rennen. Sch-Schade, den Flugplatz gibt es jetzt nicht mehr."

Ich hob den Kopf, rief den Kellner herbei und bestellte einen Cappuccino für mich und für Leo eine Melange, nachdem ich ihn durch einige Überredung einladen konnte.

„Das werde ich nie vergessen: Es war so gegen Ende November 1963, ich stand an der Haltestelle am Ring bei der Bellaria als einige Leute ganz aufgeregt durcheinanderredeten. Natürlich war ich neugierig, was sich so Sensationelles ereignet haben könnte, und schnappte die paar Worte auf: ‚Er ist erschossen worden; er ist tot.' Bald erfuhr ich aber: Auf John F. Kennedy war ein Attentat verübt worden."

„Ja, diese Sache hat uns alle erschüttert. Der leichte Zugang zu Schusswaffen in den USA ist schon erstaunlich, aber bis heute will man davon nicht abrücken."

Der Ober brachte die bestellten Kaffees, ich dachte kurz nach, nahm einen Schluck und sagte dann, zu Leo gewandt: „Die Staatsdruckerei hatte damals große Probleme, genügend Aufträge zu erhalten, mit der Folge, dass sukzessive Leute freigestellt werden mussten. Uns jungen Burschen, die wir eben unsere Lehrzeit absolviert hatten, wurde nahegelegt, uns am Markt umzusehen. Man wollte, soweit als möglich, ältere Arbeitnehmer schützen. Also sah ich mich um und fand bald eine Stelle bei der Firma Schönberg & Cerny.

Zu dieser Zeit war es auch, dass auf dem Gebiet der ehemaligen Mülldeponie die WIG, die schöne Gartenbauausstellung mit dem imposanten Donauturm eröffnet wurde. Die UNO-City oder Vienna International Center, wie sie dann genannt wurde, gab es noch nicht.

Das Jahr 1965 werde ich so schnell nicht vergessen, denn es war nicht nur allgemein, sondern auch für mich persönlich sehr ereignisreich: Im Jänner stirbt der dicke Zigarrenraucher Winston Churchill; im Februar wird der schwarze Menschenrechtsaktivist Malcolm X ermordet; im Mai stirbt der beliebte Leopold Figl, der uns vor zehn Jahren die wiedererlangte Unabhängigkeit verkündete; in Vietnam tobt ein schrecklicher Krieg.

Ja, und dann kam meine Heirat. Vilma, die Schwester meiner Frau, wollte ihren Ferdinand heiraten. Da die Finanzen damals recht dürftig waren und wir die Kosten für die Eltern niedrig halten wollten, beschlossen meine Braut Eva und ich, uns zur selben Zeit zu vermählen. Also feierten wir am 24. Juli 1965 in der katholischen Kirche zur ‚Heiligen Maria Goretti‘ in Neukagran eine Doppelhochzeit. Die Hochzeitsreise, die wir mit meiner vollbepackten Vespa machten, brachte uns über den Gardasee hinunter bis nach Rimini und …“

Als ich mitten im Gespräch war, läutete plötzlich mein Handy und ich sah, dass meine Frau am Apparat war. Mich kurz bei Leo entschuldigend, nahm ich das Gespräch an und sagte: „Hallo Schatz, ich bleibe nicht mehr lang, aber es sind so viele Sachen, die ich mit meinem Jugendfreund zu quatschen habe.“

„Nein, nein, Erich. Ich will dich nicht drängen, aber wäre es nicht eine gute Idee, wenn du deinen Bekannten einmal zu uns einladen würdest? Ich wäre auch interessiert zu hören, was dieser alte Mann zu erzählen hat. Für ein gemeinsames Abendessen würde ich gerne sorgen."

„Ok, die Idee ist gar nicht schlecht. Ich werde ihm ein Treffen vorschlagen."

Meinen Einwand, dass ich sogar ein halbes Jahr älter als dieser ‚alte Mann' sei, quittierte sie mit leisem Kichern. Ich beendete das Telefonat und wandte mich wieder Leo zu: „Das war Eva, meine Frau. Sie hat ein Treffen bei uns zu Hause vorgeschlagen, da sie ebenfalls an unseren Erinnerungen interessiert wäre. Lemmi, wir würden uns freuen, dich bei uns in den nächsten Tagen begrüßen zu dürfen."

Leo blickte hinunter auf seine Hände, hob dann langsam seinen Blick und antwortete zaghaft: „Hm …, gerne, aber ich w-will nicht stören."

Es bedurfte einiger Überzeugungskraft, Leos Bedenken auszuräumen. Ich wollte noch von Leo wissen, ob es irgendwas gebe, was er nicht esse, worauf Leo fast entschuldigend antwortete: „Nein, nein. Ich esse alles. Kein Problem. Macht euch keine Umstände!"

Ich gab ihm die genaue Adresse, wir tauschten Handy-Nummern aus und das Treffen wurde für nächste Woche am Sonntag um 16:00 Uhr vereinbart.

Als ich darauf bestand, für Leos Getränke zu bezahlen, lehnte er dies vorerst ab, um es aber nach meinem Beharren schließlich doch mit vielen Dankesworten bescheiden zuzulassen.

Damit verabschiedeten wir uns voneinander.

Sonntag, 10. November 2019

Der Sonntag war gekommen. Pünktlich um 16:00 Uhr läutete es an der Wohnungstür und als ich öffnete, stand Leo, ein von Papier umhülltes Stöckchen Zyklamen in der Hand, vor der Tür. Unter seinen Arm geklemmt, hatte er seine rote Mappe.

Ich rief meiner Frau, die hinter mir stand, zu: „Eva, das ist mein Jugendfreund Leo, von dem ich dir erzählt habe, den ich nach so vielen Jahren zufällig wieder getroffen habe und“, nun wandte ich mich Leo zu „das ist Eva, meine Frau.“

Von Leo kam ein spontanes „Sehr erfreut!“. Er wusste nicht so recht, was er mit dem Blumenstöckchen machen sollte, doch schließlich hielt er es, noch in Papier verpackt, Eva entgegen und sagte zaghaft: „Ich hoffe, es bringt Ihnen F-Freude.“

„Oh, danke, bitte kommen Sie doch weiter! Und, ja, da Sie ein Freund meines Mannes sind, könnten wir uns doch auch duzen.“

„Gerne! Sagen Sie … ah – du, sag Leo zu mir! Manche nennen mich auch Lemmi.“

Damit schüttelten sie einander die Hände und Eva führte den Gast ins Wohnzimmer. Leo blieb kurz stehen und meinte: „Oh, ihr habt es aber hier sehr schön! Bei mir zuhause gibt’s nur alte Möbel.“

Ich nahm mit Leo auf dem bequemen Sofa Platz, während Eva in die Küche ging, um Kaffee und Kuchen herzurichten. Leo blickte umher und erwähnte: „Die Wohnung ist sehr groß für euch zwei.“ Worauf ich antwortete: „Ja, aber wir wohnten hier früher, bevor unsere Kinder auszogen, zu viert.“

„Ach ja, du hast schon einmal erwähnt, dass ihr Kinder habt. Sind die jetzt …“

Da kam Eva mit dem Tablett herein, stellte es auf das kleine Tischchen vor das Sofa und forderte uns auf: „Greift zu! Kuchen frisch gebacken – von der Konditorei – nicht von mir. Ich koche gern, aber backen liegt mir nicht!“

Eva nahm uns gegenüber Platz und bei Kuchen und Kaffee setzte ich das Gespräch fort: „Leo, du wolltest etwas über unsere Kinder wissen?“

„Ja, seht ihr eure K-Kinder oft? Wohnen sie hier in der Nähe?“

„Unser Sohn, ja, er wohnt im dritten Bezirk und kommt uns oft besuchen. Bei unserer Tochter sieht es anders aus; sie ist in Südafrika verheiratet und wohnt mit ihrem Mann und zwei Töchtern an der Ostküste. Sie sehen wir nur selten, aber es gibt die Möglichkeit, über WhatsApp zu kommunizieren. Sie waren zwar schon mehrmals hier in Wien zu Besuch und wir auch einige Male bei ihnen in Afrika, doch es ist nicht sicher, wie lange das noch möglich sein wird. Mit zunehmendem Alter wird das Reisen für uns immer beschwerlicher.“

Während Eva Leo noch ein zweites Stück Kuchen anbot, das er zögernd auf seinen Teller legte, fragte sie ihn: „Bist du in der Schule mit Erich immer in einer Klasse gewesen?“

„Ja, zuerst in der V-Volksschule und dann noch weitere vier Jahre in der Hauptschule. Nach der Schule unternahmen wir noch vieles gemeinsam. Erst später, es muss ungefähr während der Zeit unseres Wehrdienstes gewesen sein, ist der Kontakt dann verloren gegangen.“

„Da kannte ich meinen Mann noch nicht. Wir haben uns erst einige Jahre später kennengelernt. Ich weiß nicht, ob Erich schon erwähnt hat, wie und wann es dazu kam, dass wir nach unserer Hochzeit nach Südafrika fuhren?“

Leo wandte sich mir zu und sagte: „Ja, du hast davon erzählt, aber es würde mich interessieren, was euch dort erwartete und welche Eindrücke ihr von dem unbekannten Land hattet.“

Ich lehnte mich zurück, sah hinüber zu meiner Frau und meinte: „Da muss ich etwas weiter ausholen. Wir hatten für unsere Auswanderung nach Südafrika schon vor unserer Hochzeit angesucht. Unsere Hochzeitsreise führte uns nach Italien, nach Rimini, wo wir schöne Tage verbrachten.“

Eva lachte kurz auf und bestätigte: „Ja, sehr schöne Tage, – und nicht ohne Folgen! Als wir wieder zurück in Wien waren, stellte nach einigen Wochen meine Frauenärztin fest, dass ich schwanger war. Damals gab es noch keine Pille. Zu dieser Zeit hatten wir unser Ansuchen für Südafrika schon fast vergessen.“

„Und dann kam“, setzte ich fort, „zwar nicht unerwartet, aber doch plötzlich, ein Schreiben von der Südafrikanischen Botschaft mit der Aufforderung, uns bei ihnen zur Visaerteilung einzufinden. Zuvor mussten wir noch eine Pockenimpfung und eine kleine medizinische Untersuchung über uns ergehen lassen. Nach einer kurzen Befragung durch einen Botschaftsangehörigen, ob wir einer kommunistischen Vereinigung angehörten, was wir natürlich verneinten, wurden uns die Visa für den permanenten Aufenthalt in Südafrika in die Pässe gestempelt. Da zu jener Zeit die südafrikanische Regierung daran interessiert war, junge weiße Siedler aufzunehmen, wurden für uns die Flugkosten erstattet und auch versichert, uns nach der Einreise bei der Arbeitssuche behilflich zu sein.

Nun mussten wir noch bei unseren Arbeitsstellen kündigen. Ja, das war's dann. Anfang Oktober 1965 traten wir die Reise an: zwei Koffer, etwas Bargeld und eine schwangere Frau! Aber mit viel Zuversicht. Wir waren jung, und ich wollte immer schon etwas von der Welt sehen. Unsere Abwesenheit von Österreich war ja nur für zwei Jahre angedacht."

Eva schmunzelte und zu Leo geneigt stellte sie fest: „Irgendwie wurde mir damals die ganze Sache nicht so richtig gewahr. Erst als wir in den Nachtzug nach Frankfurt stiegen und eine Frau mich fragte, wohin wir wohl reisen würden, und ich unbekümmert antwortete: ‚Nach Johannesburg', worauf sie sagte: ‚Das ist aber eine weite Reise!', wurde mir bewusst, dass wir nicht bloß auf einen Kurzurlaub unterwegs waren."

Leo wog seinen Kopf hin und her und sagte: „Ich bewundere euren M-Mut. Ich hätte mich nicht entschließen können, irgendwohin auszuwandern." Zu Eva gewandt stellte er fest: „Noch dazu, da du schwanger warst!"

„Ja, aber meine Frauenärztin versicherte mir, dass es in Südafrika hervorragende Gynäkologen gäbe. Nun denn; am folgenden Tag ging es dann – nicht zu vergessen, es war für uns beide der erster Flug – per Nachtflug mit der Lufthansa von Frankfurt, mit kurzem Zwischenstopp in Luanda, nach Johannesburg, wo wir bei schwülen Sommertemperaturen ankamen. Nachdem wir die Einreiseformalitäten erledigt hatten, holte uns Albert, unser Bekannter, mit seinem Auto ab. Ich weiß nicht, ob es die Müdigkeit vom langen Flug war, aber ein beklemmendes Gefühl überkam mich beim Anblick der vielen Schwarzen in ihren blauen Arbeitsgewändern. Ja, und dann ging's vom Flughafen hinein in die Stadt; Oh je, auf der verkehrten Straßenseite! Südafrika hat Linksverkehr. Plötzlich zogen schwarze Wolken auf, der Himmel verdunkelte sich, begleitet von Blitz und Donner, und es begann zu regnen. Erst fielen ein paar schwere Tropfen, doch im Nu kam ein Wolkenbruch auf uns herab, dass es die Scheibenwischer nicht mehr schafften und wir anhalten mussten. Die Straße war so stark bombiert, dass an den Rändern das Wasser in Sturzbächen hinunter rann. Doch so plötzlich das Gewitter gekommen war, so schnell zog es wieder vorüber. Die Straße dampfte und trocknete auf. Als wir schließlich bei unseren Freunden, Albert und Ursula, zu Hause ankamen, war der ganze Spuk vorbei."

Während Eva schilderte, hatte Leo seine rote Mappe aufgeschlagen und so nebenbei, ohne seine Aufmerksamkeit am Gespräch einzuschränken, zauberte er mit raschen beidhändigen Strichen eine Skizze vom Wohnzimmer auf ein Blatt Papier. Die Zeichnung, die er mit vielen Spiralen und geometrischen Objekten ergänzte, war von einer gewissen Unruhe durchflutet.

Ich nahm jetzt die Schilderung auf.

„Wir wohnten nun einige Tage bei unseren Bekannten, während intensive Arbeitssuche meine erste Priorität war. Die zugesagte Hilfestellung der Immigrationsstelle war enttäuschend. Der Mann dort wusste gar nicht, in welcher Branche ein Retuscheur tätig ist, deshalb beschloss ich, mich selbst auf die Suche zu machen. Mit meinen Unterlagen und dem Spruch ‚I am a new immigrant and I am looking for a job‘ klapperte ich einige Werbeagenturen ab. Und dann passierte mir eine Dummheit, eine ganz schlimme. Albert lud mich in einen Vergnügungspark zum Tennisspielen ein; ja, und ich sagte zu! Du musst wissen: ich hatte zuvor noch nie gespielt, besaß daher keinerlei Ausrüstung. Kein Tennisleibchen, kein Racket, keine passenden Schuhe. Albert lieh mir ein Racket und ich startete meine ersten Versuche. Nackter Oberkörper und barfuß. Es ging besser, als ich dachte. Ein wenig Ballgefühl hatte ich ja vom Fußball spielen. Doch plötzlich merkte ich, dass meine Sohlen auf dem Hartplatz recht heiß wurden, und schon löste sich etwas Haut von meinen Füßen. Naja, das war's dann! Am nächsten Tag hatten sich an meinen beiden Füßen Blasen entwickelt – und nicht zu vergessen: ich musste noch eine Arbeitsstelle finden. Mit Anzug und Krawatte, meine maroden Füße in Lederschuhe gezwängt, humpelte ich durch die Straßen. Jedes Mal, wenn ich eine Agentur betrat, musste ich mich zusammenreißen und aufrecht präsentieren. Im Großen und Ganzen konnte ich die Studiomanager von meinen Arbeiten überzeugen. Da ich jedoch zuvor noch nirgendwo in Südafrika gearbeitet hatte, wurde mir mehrmals die Adresse einer anderen Werbeagentur dargeboten und unser Geld wurde schon langsam knapp. Nach drei Wochen – es kam mir wie eine Ewigkeit vor, da ich noch nie zuvor arbeitslos war – fand ich endlich eine Stelle. Die Freude war groß, die Kollegen nett, man war mit meiner Arbeit sehr zufrieden; eine wahrlich angenehme Situation.“

Eva wandte sich nun Leo zu und sagte lachend: „Jetzt muss ich dir eine lustige Episode erzählen, die ich aber damals gar nicht lustig fand: Ich war allein zu Hause bei unseren Freunden, wo wir damals vorübergehend gewohnt hatten. Für Erich war es die erste Woche in seiner neuen Arbeitsstelle. Es war nun Freitagabend am 5. November 1965 – das Datum wird mir immer in Erinnerung bleiben – und ich ging zur Bushaltestelle, wo ich, wie an jedem Tag zuvor, auf Erich wartete. Auf dem Weg dorthin befiel mich ein seltsam unruhiges Gefühl, da es irgendwo in der Nähe krachte, Schüsse zu hören waren und Hunde bellten. Meine Gedanken rasten: Afrika; Unruhen; Mord und Totschlag! Busse kamen zur Haltestelle, hielten, Menschen stiegen aus, es wurde rasch dunkler, aber kein Zeichen von meinem Mann. Handys gab es zu dieser Zeit noch nicht. Ich hatte also keine Möglichkeit einer Kontaktaufnahme. Beunruhigt, nervös und voller Sorge, rannte ich im Laufschritt zurück zur Wohnung und sperrte ab. Einige Zeit verging, dann läutete die Türglocke. Mein erster Gedanke war: ‚Endlich, Erich ist da!' … und erleichtert öffnete ich die Tür. – Plötzlich standen da drei kleine Gestalten mit bemalten Fratzen und schüttelten kreischend eine Blechdose vor meinem Gesicht, ‚A Penny for the Guy' fordernd. So rasch wie ich die Tür geöffnet hatte, schlug ich sie wieder zu. – Und begann zu weinen. Ich wollte weg, ich wollte zurück nach Wien."

Leo wollte wissen: „W-Was war denn da geschehen? War da Halloween?"

Worauf ich das Wort ergriff und antwortete: „Nein, nein. Es war Guy Fawkes Day. Ich hatte in Wien in der Schule einmal davon gehört, die Sache aber wieder vergessen, da man bei uns dieses Fest nicht feiert. Dieser Guy Fawkes wollte seinerzeit in England das House of Lords in die Luft sprengen. Die Sache ging aber schief und so zelebrieren die Engländer seither diesen Tag der vereitelten Revolution mit Lagerfeuern und Krachern. Diese Tradition hat sich in Südafrika gehalten, da das Land ja früher zum Commonwealth gehörte. Und speziell für Kinder machte es Spaß, sich zu verkleiden und um Geld zu bitten.

Nun, es war so: In der Werbeagentur, bei der ich Arbeit gefunden hatte, war es Gepflogenheit, dass sich am Freitag nach Dienstschluss die Belegschaft zusammensetzte und in gemütlicher Runde bei einigen Drinks die Arbeitswoche ausklingen ließ. Um mich einzubeziehen, forderte man mich auf, daran teilzunehmen, was ich natürlich als neuer Arbeitskollege nicht abschlagen konnte.

Inzwischen wartete aber Eva auf mich, und es war mir nicht möglich, sie zu verständigen, da wir kein Telefon hatten. Als ich schließlich nach Hause kam, fand ich sie in Tränen aufgelöst im Wohnzimmer sitzen. Es bedurfte einiger Zeit und Erklärung, sie wieder zu beruhigen."

„Ja, ja, so leicht war ich nicht zu beruhigen", unterbrach Eva und sagte: „Da war noch eine andere Geschichte, die mir anfangs die Lust an Johannesburg vermieste. Ich weiß noch genau wie Ursula, unsere Bekannte, und ich im Wohnzimmer saßen und plötzlich das ganze Haus zu beben begann. Ich konnte mich zu gut daran erinnern, wie fünf Jahre zuvor in Agadir ein Erdbeben tausende von Todesopfer forderte. Also bin ich aufgesprungen und nach draußen gerannt. Es bellten zwar einige Hunde, aber eigenartigerweise war ich die einzige Person auf der Straße. Nach einiger Zeit wagte ich mich zurück ins Haus und sah Ursula seelenruhig im Sessel sitzen und stricken. Auf meine besorgte Frage, ob sie das Beben nicht registriert habe, antwortete sie mir: ‚Ach, das ist nichts, das war nur ein Felssturz unten in den Minen. Johannesburg ist über Goldminen gebaut, da kommt es häufig zu solchen Erdstößen. Das hat nichts zu bedeuten.' Ehrlich gesagt: Daran konnte ich mich nie ganz gewöhnen."

Leo neigte seinen Kopf, machte ein paar Striche auf ein leeres Blatt und sagte: „Interessant! Dass es sowas gibt", und stellte dann fest: „Die Gebäude müssen dann aber recht stabil gebaut sein."

„Ja, die hohen schon, bei den anderen bin ich mir nicht ganz sicher, aber durch Felsstürze scheinen keine Schäden aufgetreten zu sein. Generell werden Häuser in Südafrika ganz anders gebaut als bei uns. Keller gibt es keine, die Decke besteht meist nur aus einer dünnen Holzplatte und die Fenster haben keine Doppelverglasung, da der Winter sehr kurz ist. Johannesburg liegt zwar mehr als 1700 Meter über dem Meeresspiegel, und es hat auch zweimal, in der Zeit als wir dort wohnten, geschneit, aber der Schnee blieb nie lange liegen. Im Allgemeinen gibt es in der Gegend um Johannesburg zur Winterzeit kaum Niederschläge. Tagsüber ist es sonnig; sobald die Sonne untergeht, kann es aber empfindlich kalt werden. Jedoch, wie gesagt, die kalte Jahreszeit hält nicht lange an."

Eva entschuldigte sich bei Leo mit dem Hinweis, in der Küche das Abendessen fertig zu machen, nahm die leeren Kaffeetassen mit und forderte mich auf, doch meinem Freund ein Bier oder ein Gläschen Wein anzubieten. Doch kaum hatte sie diesen Vorschlag geäußert, kam von Leo ein bestimmtes Veto: „Oh, nein danke. Vielen Dank, aber ich trinke schon seit mehr als fünfzig Jahren k-keinen Alkohol mehr."

Sofort kam ich mit dem Angebot: „Wie wäre es mit einem Almdudler oder Apfelsaft? Orangensaft gibt's auch. Pur oder gespritzt?“

„Einen Apfelsaft, bitte! Mit etwas Leitungswasser, wenn es keine Umstände macht?“

„Natürlich. Kein Problem, Lemmi. Kommt sofort!“

Während ich für mich und Leo die Getränke zubereitete, sah sich Leo im Wohnzimmer um und machte wieder einige rasche Skizzen. Als ich zurückkam und den Apfelsaft überreichte, sagte ich: „Lemmi, weißt du noch, wie wir unsere ersten Zigaretten rauchten? Austria 3, ohne Filter. Man konnte sie damals auch einzeln kaufen. Gott, war mir nachher schlecht. Vielleicht muss man alles einmal probieren, wenn man jung ist, aber ich bin nie ein Raucher geworden.“

„Ich habe später Menthol-Zigaretten geraucht und erst vor fünf Jahren, auf Anraten meines Arztes, damit aufgehört. Früher, ja, das ist lange her, trank ich auch m-manchmal einen über den Durst.“

Als Leo das sagte, presste er seine Lippen zusammen, sah zu Boden und fügte rasch hinzu: „Aber das ist alles schon l-lange vorbei. Schade, dass es keine Kracherl mehr gibt.“

„Ja schade … heute trinken die Kids Alkopops oder Red Bull“, sagte ich spöttisch und wir wechselten rasch das Thema.

„Erich, wie lange habt ihr bei euren Freunden gewohnt?“

„Nicht so lange. Nach zirka drei Wochen fanden wir eine leistbare Unterkunft im Süden von Johannesburg in einer ruhigen Sackgasse: ein Apartment, das an ein Haus angebaut war. Zwei Zimmer, unmöbliert, mit Küche und Badezimmer. Wir mussten erst Möbel anschaffen; die meisten erwarben wir aus finanziellen Gründen von einem Secondhandshop. Doch schön langsam machten wir die Unterkunft zu einer bewohnbaren Bleibe. In der Gegend gab es viele Sportanlagen: Ein Cricket-Feld vis-a-vis, eine Pferderennbahn hinter dem Haus, eine höllisch laute Hotrod-Bahn, die Eishockey-Halle, die wir manchmal besuchten und ein Radstadion, in dem bei freiem Eintritt jeden Sonntag spannende Rennen stattfanden."

„Sag, Erich, in Südafrika gab es doch diese Apartheid, die Rassentrennung. Es würde mich interessieren, wie ihr damit umgegangen seid. War das kein Problem für euch?"

„Wir wussten, dass es dort die Rassentrennung gab, bevor wir nach Südafrika flogen. Aber man bot uns die Gelegenheit, ein interessantes Land zu sehen. Wir wollten dort nicht ansässig werden, uns nicht in politische Agenden einmischen. Unser Plan war: zwei Jahre das Land kennenlernen und dann ab nach Hause. Ein Abenteuer, nichts als ein Abenteuer! Nun, wir hörten von Sharpeville, wo die südafrikanische Polizei auf einer Demonstration das Feuer eröffnete und ein Massaker verursachte. Das war fünf Jahre, bevor wir in Südafrika einreisten. Es kam uns auch zu Ohren, dass ein für die Rechte der Schwarzen kämpfender Mann namens Mandela auf Grund seiner Angehörigkeit zu einer bewaffneten kommunistischen Vereinigung verhaftet und zu lebenslanger Haft verurteilt wurde. Aber das war es auch schon. Die Zeitungen brachten nur das, was von der Regierung genehmigt wurde. Fernsehen gab es nicht. Unsere Information war dadurch eingeschränkt – und ehrlich gesagt, wir wollten uns gar nicht für oder gegen etwas engagieren, denn der Tenor der Südafrikaner war: ‚Du bist hier willkommen, aber wenn dir etwas nicht gefällt, dann bitte, dann kannst du ja wieder nach Hause gehen.‘ Es war also an uns Ausländer gerichtet – wir hatten ja dort keine Staatsbürgerschaft –, uns nicht in die internen Angelegenheiten einzumischen. So schlossen wir zwar unseren Mund, aber nicht unsere Augen und versuchten, uns so anständig und moralisch fair zu verhalten, wie es pragmatisch war.“

„Aber ihr wart ja dann länger dort. Wie seid ihr mit der Rassentrennung im Alltag zurechtgekommen?“

„Ganz gut. Das Wort ‚Bantu‘ war damals kein Schimpfwort, wohl aber die Bezeichnung ‚Kaffer‘. Der Gärtner wurde als ‚Gardenboy‘ und die Hausgehilfin als ‚Girl‘ bezeichnet. Sophie, unsere Bedienstete, kam jeden Arbeitstag mit dem Bus zu uns, kümmerte sich um unsere Kinder, reinigte das Haus und fuhr am Abend wieder nach Hause. Sie war für unsere Kinder wie eine Oma. Wir behandelten sie gut, bezahlten faires Gehalt, hatten aber privat sonst keinen Kontakt zur schwarzen Bevölkerung.

Übrigens, meist wird geglaubt, dass die Rassentrennung nur zwischen Schwarzen und Weißen bestand. Nein, nein, da gab es eine echte Hierarchie: Am untersten Ende war die große Mehrheit der Schwarzen, oder Bantus, wie sie damals genannt wurden, mit den vielen verschiedenen Stammesclans; dann die Gruppe von Farbigen; gefolgt von den Indern; dann die Chinesen und Japaner, die den Status als ‚Ehrenhafte Weiße‘ besaßen; und schließlich an oberster Stelle die Weißen oder ‚Europäer‘ wie man sie bezeichnete. Die Idee der regierenden Weißen war: keine Vermischung dieser Gruppen. Wohl hauptsächlich, um ihre politische Vormacht abzusichern. Im öffentlichen Leben kam es dadurch zu – für uns – seltsamen Auswirkungen: Getrennte Busse, getrennte Sportveranstaltungen, getrennte

Eingänge bei Ämtern. In Restaurants, Kinos und Theater waren nur Weiße zugelassen. Das Witzige war, dass man sich seinerzeit in Johannesburg selbst bei einem Kinobesuch in Schale warf: Anzug für Männer und die Frauen in Abendgarderobe. In den Parks gab es an den Bänken die Aufschrift: ‚Whites only'. Schwimmbäder sowie manche Strände am Meer waren für Weiße reserviert. Nicht-Weiße mussten am Abend die Stadt verlassen und in ihre zugewiesenen Gebiete fahren."

„Solche Sachen wären bei uns undenkbar gewesen. Haben die Schwarzen dagegen nicht aufbegehrt?"

„Ja, schon, aber die Polizei hatte die kleineren Sachen gut im Griff, und von größeren erfuhr man nichts. Das ging, jedenfalls solange wir dort lebten, für die Weißen recht gut. Später hat sich die Lage geändert. Der Druck auf die Regierung wurde so stark, dass es zu allgemeinen Wahlen und damit zur Auflösung der Rassentrennung kam. Der umsichtige Präsident Nelson Mandela hatte großen Anteil daran, dass ein gerechteres Leben für alle Bevölkerungsgruppen geschaffen wurde."

„Wie habt ihr euch mit der Sprache getan? Soviel ich weiß, spricht man dort Englisch, aber auch die Schwarzen?"

„Jene, die in der Nähe der Städte aufgewachsen sind, sprechen Englisch. Manche sprechen auch Afrikaans, aber, da es die Muttersprache der damals regierenden Buren ist, nicht mit Vorliebe. Untereinander verwenden die Schwarzen ihre jeweiligen Stammessprachen. Xhosa, Zulu, Sesotho und wie sie alle heißen. Stell dir vor, es gibt in Südafrika elf amtliche Sprachen, mit denen du offiziell vorsprechen kannst. Die weiße Bevölkerung spricht in den Städten im Geschäftsleben meist Englisch, auf dem Land wird aber vielfach Afrikaans geredet. Englisch, das weißt du ja, haben wir in der Schule gelernt. Ich musste es zwar etwas auffrischen, aber nach ein paar Wochen gab's damit kein Problem mehr. Afrikaans ist dem Niederländischen sehr ähnlich und da ich als Kind nach dem Krieg in Holland war, konnte ich Afrikaans bald verstehen, wenn auch nicht flüssig sprechen. Eva war in der Nachkriegszeit als Pflegekind in Belgien und hat dort neben Französisch auch Flämisch, das große Ähnlichkeit zu Afrikaans erkennen lässt, gesprochen, sodass auch sie bald damit gut zurechtkam."

„Ich kann mir schon vorstellen, dass die erste Zeit für euch eine große Umstellung gewesen sein muss: eine andere Sprache, eine andere K-Kultur und gleich eine verkehrte Jahreszeit. Wenn ihr im Oktober angekommen seid, dann war doch dort gerade F-Frühling, oder?"

„Ja, richtig! Der Wechsel der Jahreszeiten ist aber in Südafrika nicht so stark ausgeprägt wie in Europa. Ganz eigenartig waren für uns die ersten Weihnachten. Man hörte Weihnachtslieder, die von leisem Schneegeriesel und Schlittenfahrten erzählten, sah Weihnachtsmänner und Weihnachtsschmuck wie bei uns in Europa, aber dort war Sommer. Es hatte mehr als 30 Grad im Schatten. Das gibt dir keine richtige Weihnachtsstimmung. Noch dazu: Die Südafrikaner feiern keinen Heiligabend am 24. Dezember, sondern es gibt erst am folgenden Tag Geschenke und dann wird traditionell ein Festmahl mit Truthahn aufgetischt. Oft endet das Ganze mit fröhlicher Partymusik; also nichts, was wir gewohnt sind. Für Eva und mich waren diese ersten Weihnachten eher traurig. Wir saßen auf der Veranda –

meine Frau im vierten Monat schwanger – und hörten Radio."

„Damals gab es ja sicher kein WhatsApp oder Ähnliches. Wie habt ihr da mit euren Verwandten oder Bekannten in Österreich Kontakt gehalten?"

„Man konnte anrufen. Das war aber schweineteuer, für uns kaum erschwinglich. Das Briefporto war ebenfalls sehr kostspielig, deshalb sandten wir Aerogramme, die etwas billiger waren. Das waren faltbare Zettel, in die man jedoch keine Fotos beilegen durfte. Später, als wir dann einen Kassettenrecorder hatten, machten wir Aufnahmen, damit unsere Eltern in Wien auch unsere Stimmen – und besonders die unserer Kindern – hören konnten. Nun ja, Kommunikation war schwierig, da es auf dem Postweg oft drei Wochen dauerte, bis ein Schreiben ankam, und wenn man nicht gleich antwortete, vergingen oft Monate und viele Ereignisse waren dann nicht mehr aktuell."

„Verliert man da nicht leicht den Kontakt?"

„Hm, zur eigenen Familie weniger als zu den Freunden. Dadurch, dass sich Dinge ereigneten, die für einem selbst zwar wichtig, für den anderen im fernen Europa aber ziemlich belanglos waren, ergab sich ganz natürlich eine gewisse Distanz. Das galt selbstverständlich auch umgekehrt."

Der Tisch im Wohnzimmer war schon gedeckt. Eva kam aus der Küche und forderte uns auf: „Ich muss euch unterbrechen. Das Essen ist fertig. Darf ich euch bitten: Kommt zu Tisch! Es gibt Grießnockerlsuppe. Als Hauptspeise habe ich Rindsrouladen mit Nudeln gemacht. Ich dachte, das schmeckt sicher jedem."

Leo legte seine Mappe, die er auf seinem Schoß liegen hatte, zur Seite und verkündete erfreut: „Oh, danke. Besten

Dank. Bei mir, da ich allein lebe, gibt es fast immer nur kalte Speisen aus dem Supermarkt. Kochen tue ich selten, das habe ich nie gut b-beherrscht."

Eva servierte die Suppe und fragte Leo: „Erich hat mir erzählt, dass du verheiratet warst. Hat deine Frau nicht für dich gekocht?"

Leo lachte kurz auf und antwortete: „Naja, manchmal schon, aber wir aßen oft in Restaurants. Damals lief unser Unternehmen noch sehr gut. Wir luden Geschäftspartner ein und wurden auch von Leuten eingeladen. Ich konnte damals diese Restaurantbesuche als Geschäftsessen von der Steuer absetzen. Karin liebte es, sich als wohlsituierte Frau zu zeigen. Nach unserer Scheidung kam ich noch einige Zeit gut zurecht. Ich hatte eine B-Bedienerin, die für mich auch kochte. Schlimm wurde es erst, als ich die F-Firma und all mein Habe verlor. Seither muss ich gut haushalten."

Ich merkte, dass Leo mit großem Unbehagen über diese Angelegenheit sprach und begann das Thema sofort zu ändern, und da Leo mit seiner Suppe schon fertig war, fragte ich ihn: „Lemmi, noch ein wenig Suppe? Es ist noch genug da!"

„Oh, gerne. Eva, die Suppe schmeckt vorzüglich. Ich habe schon lange keine Grießnockerlsuppe gegessen."

„Freut mich. Seit ich in Pension bin, gibt es bei uns zumindest eine warme Mahlzeit pro Tag. In Südafrika hatten wir Sophie, unsere schwarze Hausgehilfin, die manchmal auch ihre Kochkünste aufblitzen ließ. Ich weiß noch: Einmal gab's Schweinekopf mit Gewürznelken! Naja, ist nicht jedermanns Sache. Aber für unsere Kinder bereitete sie immer etwas Gutes aus süßem Maisbrei. Sie hatte ja selbst fünf Kinder."

„Sag, Eva, du warst doch schwanger, als ihr in Johannesburg angekommen seid. Wann ist denn euer Kind zur Welt gekommen?"

„Claudia, unsere Tochter, ist am 11. Mai 1966 im Queen Vic Hospital in Johannesburg entbunden worden. Es war keine leichte Geburt, ich bin drei Tage in Wehen gelegen – doch bald war alles vergessen und wir waren wunschlos glücklich. Die Kleine war so lieb und hat sich prächtig entwickelt. Nun waren wir eine richtige Familie."

Ich bekam glänzende Augen und stimmte Eva zu: „Ja, es war wirklich eine Freude. Ich wollte immer schon ein Kind. Ein Kind zu zeugen ist für mich bis heute noch der einzig erkennbare Sinn unseres Daseins. Die Natur will, dass wir uns fortpflanzen."

„Weißt du, Leo, da bin ich nicht der Meinung meines Mannes. Die Fortpflanzung allein kann nicht der Sinn des Lebens sein. Aber gut, jeder darf seine Ansichten haben."

Ich wusste, wie Leos Verhältnis zu seinem Sohn stand, und wollte dieses Gespräch so feinfühlig wie möglich zu einem anderen Thema leiten.

„Neben der Geburt unserer Tochter war 1966 ein sehr ereignisreiches Jahr. Erst bekamen wir Nachricht, dass Udo Jürgens, nachdem er zuvor schon zweimal angetreten war, den Grand Prix d'Eurovision in Luxemburg gewonnen hatte. Hurra, ein Österreicher! Im Juli verfolgten wir im Radio die Fußball-WM aus England. Leider ohne die Qualifikation der österreichischen Mannschaft. Aber es war dennoch recht spannend. England gewann im Finale, bei dem das umstrittene Wembley-Tor fiel, gegen Deutschland mit 4:2. Dann folgte etwas, das ganz Südafrika, oder sagen wir zumindest die weiße Bevölkerung, erschütterte. Es war an einem Dienstag im September. Ich war gerade in der Agentur mit der Retusche an einem Foto beschäftigt, als ein Kollege ins Studio stürmte und mit Entsetzen verkündete: ‚Verwoerd ist erstochen worden!‘ Hendrik Verwoerd, der Premierminister Südafrikas, war im Parlament ermordet worden. Ein ungutes Gefühl befiel mich. Wird das für uns negative Folgen haben? Zum Glück trafen meine Befürchtungen nicht ein. Der Attentäter, ein Mischling, wurde für geistesgestört erklärt und bekam lebenslange Haft. Der Nachfolger von Verwoerd, John Vorster, setzte die Apartheid-Politik konsequent fort; daher gab es für uns – und auch für die schwarze Bevölkerung – keinerlei Änderungen."

Leo wiegte seinen Kopf von Seite zu Seite und reflektierte: „Hm, 1966. Da war ich 25 und noch mit Karin verheiratet. Es war die Zeit von Twiggy, der dünnen Engländerin Lesley Hornby, die die Titelseiten der Modehefte zierte. Ich f-fand sie nie besonders attraktiv. Wir tanzten Twist und den Letkiss und alle jungen Leute trugen Glockenhosen."

Eva meinte: „Das alles gab es auch in Südafrika, allerdings meist saisonbedingt um ein halbes Jahr später. Nicht zu vergessen, es war auch die Zeit der Miniröcke. Auch ich hatte diese kurzen Kleider von Mary Quant."

Schmunzelnd stellte ich fest: „In Johannesburg gab es diese englischen Stockbusse, und wenn die Frauen mit ihren kurzen Röcken die Treppen hinaufgingen, war das immer ein erfreulicher Anblick. Ja, das war eine recht interessante Mode. Leider wurden diese kurzen Kleider auch von Frauen getragen, die besser andere Sachen hätten tragen sollen. Ach ja, was ich noch erzählen wollte, wir waren zur Weihnachtszeit zu einer Party eingeladen, die mein Arbeitskollege organisierte. Es war eine recht fröhliche Angelegenheit mit Drinks und Tanz. Als es gegen halb zwölf Uhr ging, erwähnte ich, dass wir jetzt aufbrechen müssen, da wir sonst den letzten Bus nicht mehr erreichen würden. Mein Arbeitskollege sah mich ganz verwundert an und fragte mich, ob ich denn nicht mit dem Auto gekommen wäre. Als ich verneinte und ihm klarmachte, dass wir uns kein Auto leisten können, war er ganz überrascht und meinte: ‚Bei deinem Gehalt muss doch locker ein Auto erschwinglich sein.' Als ich das bezweifelte, fragte er mich – was normalerweise ein Tabu ist – was ich denn verdiene. Nachdem ich ihm mein Gehalt kundgab, war er entsetzt und meinte, dass er das nicht glauben könne. Er gab mir sofort die Adresse einer Werbeagentur, von der er wusste, dass sie einen Mann wie mich suchten, und gab mir auch die Idee einer ungefähren Gehaltsforderung. Drei Tage später hatte ich in dieser Agentur ein Vorstellungsgespräch. Man war von meinen Arbeiten überzeugt und man bot mir, stell dir vor, das doppelte Gehalt, das ich zu diesem Zeitpunkt hatte! Ich war hocherfreut, kündigte und startete meine neue Stelle mit nächstem Monatsbeginn. Mit der besseren finanziellen Lage war dann auch bald ein Autokauf möglich. Ein Austin, nicht mehr neu, aber noch recht brauchbar, wurde unser fahrbarer Untersatz. Oh ja, Leo, da muss ich dir etwas ganz Skurriles erzählen. Ich habe einen österreichischen Führerschein für die Klassen A und B. Bevor wir von Wien wegflogen, hatte ich mir noch den grauen zwischenstaatlichen Führerschein beim

ÖAMTC besorgt. Dieser berechtigt den Halter, ein Jahr im Ausland zu fahren. Mit diesem Führerschein bin ich also berechtigt in Südafrika schon einige Zeit unterwegs gewesen. Ich wusste, dass man für Immigranten diese Lenkerberechtigung auf eine südafrikanische umtauschen kann. Ich nahm mir also vor, den Umtausch knapp vor Ablauf des Jahres durchzuführen. Doch dann machte mich ein deutscher Immigrant darauf aufmerksam, dass dieser Umtausch laut südafrikanischer Behörde innerhalb von sechs Monaten erfolgen muss. Also begab ich mich schnurstracks zum Verkehrsamt und wollte dort den zwischenstaatlichen Schein eintauschen. Der Beamte schaute auf meinen Pass, sah das Einreisedatum und schob mir den Pass mit den Worten zu: ‚Sie sind über ein halbes Jahr hier, Sie müssen eine Prüfung ablegen, wenn Sie einen südafrikanischen Führerschein wollen‘. Ja, ich war drei Wochen über die Zeit und auch in Afrika galt: Vorschrift ist Vorschrift! Aber, Leo, das Eigenartige kommt erst! Ich besorgte mir die Prüfungsfragen und nahm die Sache nicht so ernst; schließlich konnte ich ja Auto fahren. Also fuhr ich frohgemut mit meinem Auto zur Prüfung. Die theoretische war recht einfach und dann ging es hinaus auf die Straße. Ich fuhr, wie gewohnt, mit dem Fließverkehr und nach etwa zehn Minuten stoppte mich der Prüfer und sagte: ‚Sie sind zu schnell gefahren und außerdem haben Sie beim Anhalten und Abbiegen keine Handzeichen gegeben. Das geht gar nicht; kommen Sie in drei Wochen wieder!‘ Seit ich in Johannesburg mit dem Auto unterwegs war, hatte ich nie jemanden im normalen Straßenverkehr gesehen, der Handzeichen gab. Na gut, so war’s halt. Ich war bei der Prüfung durchgefallen. Aber das Skurrile folgte nun: ich brachte den Prüfer zurück zur Prüfstelle, ließ ihn dort aussteigen und fuhr mit meinem Auto rechtmäßig nach Hause. Mein zwischenstaatlicher Führerschein war ja noch bis Ablauf des Jahres gültig. Drei Wochen später trat ich wieder zur Prüfung an, streckte, wie verlangt, meine Hände zum Fenster hinaus und bekam sofort die Lenkerberechtigung. Nun habe ich sowohl einen österreichischen als auch einen südafrikanischen Führerschein."

„Erich, so etwas habe ich noch nie gehört, dass ein P-Prüfling bei nichtbestandener Prüfung in sein Auto steigt und damit rechtmäßig wegfährt."

Eva stand vom Tisch auf und sagte: „So, nun muss ich ein wenig unterbrechen. Hat die Suppe geschmeckt? Die Rouladen kommen gleich, dann können wir weiterplaudern."

Während Eva die große Schüssel aus der Küche holte, fischte ich aus dem Bücherregal ein Album und präsentierte Leo drei Fotos, die uns beide in Badehosen zeigten.

„Lemmi, das war bei der Alten Donau, bei der Lagerwiese Rehlacke, bei der Tausend-Meter-Boje der Regattastrecke. Weißt du, wann das war? Es ist schon eine Ewigkeit her."

„Das muss so in den fünfziger Jahren gewesen sein. Wie dürr wir damals waren! Schwarz-weiß-Fotos mit perforiertem Rand. Und schau, du hast eine ganz moderne Badehose! Ich erinnere mich noch, wie wir um die Mittagszeit hinüber zum Gänsehäufel geschwommen sind und, wenn der B-Bademeister nicht aufgepasst hat, unter der Boje durchgetaucht sind und uns dann auf die Suche nach Mädchen gemacht haben, die im Begriff waren, ihr Mittagsbrot zu essen. Mit treuherzigem Blick und einer Portion Frechheit gab es immer ein paar Leckerbissen zu holen. Sag, Erich, hattest du nie Heimweh?“

„Weißt du, Lemmi, Heimweh hatte ich nicht wirklich, da wir mit so vielen neuen Dingen beschäftigt waren, aber gewisse Sachen, wie das Rauschen der Pappeln und der Au-Geruch des Wassers bei der Alten Donau, hatten sich in mein Gedächtnis eingenistet. Selbst als ich in Afrika lebte, habe ich diesen Geruch oft vermisst. Ein Geruch, der mir vertrautes Heimatgefühl vermittelte.“

Ich legte nun das Fotoalbum zur Seite und Eva tischte die Rindsrouladen auf, wobei sie Leo versicherte, dass reichlich übrig wäre, wenn er dann noch Nachschlag möchte. Sich um das Anrichten kümmernd, fragte sie zerstreut: „Leo, ein kleines Bier oder ein Gläschen Wein dazu?“

„N-Nein, nein, danke! Ich … ich bleibe lieber beim Apfelsaft.“

„Oh, tut mir leid, ich habe vergessen: Du trinkst ja keinen Alkohol. Gibt es einen besonderen Grund, warum du keinen Alkohol trinkst?“

Leo wich Evas Blick aus, starrte auf seine Hände und antwortete zögernd: „Ich vertrage k-keinen Alkohol mehr. Schon lange nicht mehr. Früher habe ich schon getrunken, – aber ich … Alkohol tut mir nicht gut.“

Als ich sah, dass Leo das Thema unangenehm war, wünschte ich ‚Mahlzeit‘ und bedankte mich bei Eva fürs Kochen. Zu Leo gewandt sagte ich: „In Südafrika ist der ‚Braai‘ eine Tradition. Es handelt sich dabei um einen Grill, der, ähnlich wie bei uns das Schnitzel, eine nationale Angelegenheit ist. Neben verschiedenen Sorten von Fleisch kommt vor allem die ‚Boerewors‘ auf den Grill. Unsere Burenwurst hat zwar den Namen davon, aber es handelt sich dabei um eine ganz andere Wurstsorte. Bei einem richtigen Braai darf auch der Mielie-Pap nicht fehlen. Das ist ein Maisbrei, der unserer Polenta ähnlich ist, nur weiß. Mielie-Pap ist auch ein Grundnahrungsmittel der schwarzen Bevölkerung. Im Sommer kann man bei fast jeder Einladung damit rechnen, dass ein Braai veranstaltet wird. Leo, jetzt ist es schon zu kalt draußen, aber im Sommer, wenn es wieder wärmer ist, musst du einmal zu uns kommen; dann veranstalten wir einen richtigen südafrikanischen Braai!

„Ja, das ist eine gute Idee“, fand Eva und zu Leo gewandt, fragte sie: „Wie schmeckt dir die Roulade?“

„Oh danke. Das Essen ist köstlich, ganz köstlich. Vielen Dank.“

„Das freut mich sehr!“, kam von Eva und sie fügte hinzu: „Weißt du, Leo, ich koche recht gerne und wenn es jemandem schmeckt, freut es mich umso mehr.“

Ich lachte und merkte an: „Ich habe mich noch nie beschwert! Ja, Leo, was können wir dir noch erzählen? …“ Und nach einigem Nachdenken setzte ich fort: „Lass uns zu der Zeit zurückkehren, wo wir in Afrika lebten. – Also, da wir nun ein Auto hatten, konnten wir Ausflüge machen; den Stammestänzen der schwarzen Minenarbeiter zusehen, die jeden Sonntag bei freiem Eintritt abgehalten wurden, ins Drive-In Autokino fahren – und bald stand auch der erste Urlaub auf unserem Programm. Da uns durch den Autokauf nicht sonderlich viel Bargeld zur Verfügung stand, buchten wir ein preisgünstiges Hotel an der Küste. Die zirka 600 Kilometer von Johannesburg nach Durban – es gab damals keine Autobahn – schafften wir mit dem Austin in knapp sieben Stunden. Unser Baby hatten wir auf der Rückbank in einer Tragtasche festgezurrt. Endlich am Meer! Es war feucht, sehr feucht und schwül. Das Hotel hatte ich weiß nicht mehr welchen Standard, aber die Spiegel waren trübe, die Schlüssel rostig und überall sausten Kakerlaken durch die Räume. Dennoch war Durban für uns ein interessanter Urlaubsort: das warme Meer mit den hohen Wellen; die vielen Inder in der Stadt; die Surfer, die auf die perfekte Welle lauerten; die Rikscha-Boys mit ihrem schweren Kopfschmuck gegen den starken Wind kämpfend und auf Touristen wartend – all das waren neue Eindrücke für uns."

„Es war eine schöne Zeit", sagte Eva. „Wir waren jung, voller Tatendrang und hatten unsere kleine Tochter überall dabei. Bald fand auch ich eine Anstellung als Buchhalterin und unsere finanzielle Situation verbesserte sich. Das Schicksal meinte es gut mit uns."

Leo schloss die Augen, strich sich über die Stirn und meinte: „Das Schicksal geht oft willkürliche W-Wege. Man kann nie sicher sein, welche Überraschungen es bereithält."

Eva merkte, dass Leo etwas bedrückte, wollte aber nicht näher darauf eingehen und wechselte daher sogleich das Gesprächsthema.

„Es war anfangs Dezember 1967 als im Radio und in allen Zeitungen eine medizinische Sensation verlautbart wurde: ‚Einem Menschen wurde erstmals ein Herz transplantiert!' Noch nie zuvor wurde eine derartige Operation versucht. Im Groote Schuur Hospital in Kapstadt ist vom Herzchirurgen Christiaan Barnard dem Patienten Louis Washkansky das Herz der bei einem Verkehrsunfall verstorbenen Denise Darvall eingesetzt worden. Der Patient hat zwar nur 18 Tage mit dem fremden Herz gelebt, dennoch löste die Transplantation nicht nur in Südafrika, sondern auch weltweit ein enormes Aufsehen aus."

„Ja, das stand damals auch bei uns in allen Zeitungen. Seither wurde die Methode verfeinert und vielen Menschen wurde ein l-längeres Leben durch Herztransplantationen ermöglicht." Leo seufzte und fügte hinzu: „Es ist erstaunlich, wozu die Medizin heutzutage schon imstande ist. Wie schön wäre es, wenn man ein Mittel finden könnte, das alle Krebsarten heilen kann."

„Das wäre schön", stimmte Eva zu. „Die Forschung hat viele Fortschritte gemacht, aber manche Krankheiten kann man nicht heilen; zumindest jetzt noch nicht. Bei Krebs und bei vielen Viruserkrankungen tappen sie noch im Dunkeln. Wir werden damit leben müssen; aber man darf die Hoffnung nicht aufgeben."

Leo schloss seine Lippen und schüttelte seinen Kopf; gab jedoch zu Evas Bemerkung keinen weiteren Kommentar ab.

Eva bot dem Gast nun einen Nachschlag an, was Leo aber mit der Begründung ablehnte, dass er abends nicht gewohnt sei, so viel zu essen, und bedankte sich nochmals überschwänglich für das köstliche Mahl.

Während Eva die Teller abräumte, sagte Leo zu mir: „Was ich wissen möchte, ist: W-während eurer Zeit in Südafrika – ihr wart ja elf Jahre dort – seid ihr dazwischen je in Wien gewesen?"

„Doch, doch! Eva und ich waren je einmal allein herüben und ein Jahr bevor wir zurück nach Österreich gingen, sind wir gemeinsam auf Erkundigung drei Wochen in Wien gewesen. Ursprünglich wollten wir in Afrika nur ein oder zwei Jahre bleiben; wir waren also darauf eingestellt, wieder in die Heimat zurückzukehren. Aber nach den Anlaufschwierigkeiten ging es uns so gut in Johannesburg, dass wir ernsthaft erwogen, uns dort permanent niederzulassen. Doch schließlich kam es anders! Wenn es dich interessiert, können wir dir erzählen, wie es uns weiterhin erging und was dann den Entschluss herbeiführte, der uns bewog, wieder nach Wien zurückzukehren."

„Oh ja, das würde mich schon interessieren. Mein Leben ist gewiss nicht so aufregend verlaufen wie eures."

Eva kam aus der Küche zurück, stellte Kekse auf den Tisch und fragte Leo: „Möchtest du Tee oder Kaffee?"

„Oh, Kaffee wäre ein Hit. Mit ein bisschen Milch, bitte!"

Es war, wie auch sonst üblich, meine Obliegenheit, für die Zubereitung des Kaffees zu sorgen, daher ging ich in die Küche und kam nach wenigen Minuten mit der Kanne Kaffee und den Tassen zurück. Während des Servierens sagte ich zu Leo: „Einen Vorfall, der uns lange bewegte, will ich dir noch erzählen: Wir hatten wieder eine Woche Urlaub und nahmen uns vor, Lesotho, das von Südafrika gänzlich umgebene Binnenland, zu erkunden. Nach der Fahrt von Johannesburg nach Maseru verbrachten wir ein paar erholsame Tage in einer Lodge außerhalb der Hauptstadt. Auf der Heimfahrt geschah dann Folgendes: Wir befanden uns schon in der Nähe von Fouriesburg, genauer gesagt, und das werde ich wohl nie vergessen, 16 Kilometer außerhalb dieser Ortschaft in der südafrikanischen Provinz Oranje Vrystaat. Es war ein sonniger Tag, kurz nach Mittag. Eva saß, von der Eintönigkeit der Landschaft etwas schläfrig, neben mir; Claudia, unsere Baby-Tochter, befand sich am Rücksitz in einer Tragtasche. Kindersitze gab es damals noch nicht. Die Schotterstraße führte einen Hügel steil hinab. Unser kleiner Austin hatte den Motor vorne, also lastete das gesamte Gewicht auf den Vorderreifen. Plötzlich begann der Wagen zu schlingern. Eine Vollbremsung war wegen der Steilheit der Sandstraße nicht möglich. In höchster Not gelang es mir, die Geschwindigkeit zu drosseln, doch unten in der Kurve stand ein Baum, mit dem ich auf keinen Fall kollidieren wollte. Also lenkte ich am Baum vorbei und landete im Straßengraben, wo das Auto kippte und auf dem Dach landete. Wir konnten uns aus dem Wrack befreien; wir hatte Glück, sehr viel Glück. Keiner von uns dreien war ernsthaft verletzt. Nun saßen wir neben dem Straßengraben wie ein Häufchen Elend in einer Gegend, wo nur alle heiligen Zeiten ein Auto fuhr. Wir konnte auch keine Hilfe herbeirufen. Handys gab es keine. Es brauchte auch mehr als eine Stunde, bis ein Farmer uns erspähte und uns in die 16 Kilometer entfernte Ortschaft mitnahm. Bei der Polizei wurde der Unfall aufgenommen und unser kaputtes Auto in eine Werkstatt geschleppt. Die Farmersleute versorgten uns noch dankenswerterweise mit Lebensmitteln und der Mann brachte uns am Abend mit seinem Wagen in die Stadt Bethlehem, von wo wir den Nachtzug nach Johannesburg nehmen konnten.“

Leo schaute betroffen. Eva setzte ihre Kaffeetasse ab und meinte: „Es schaudert mich noch heute, wenn ich an diesen Unfall denke. Ich möchte mir gar nicht vorstellen, was hätte passieren können. Wir hatten die Fenster vom Wagen offen, als er umkippte. Wenn einem von uns die Hand eingeklemmt worden wäre oder einer hätte eine andere schwere Verletzung erlitten – dort, fernab von jeder Hilfe – nicht auszudenken. Ich habe Gott gedankt, dass er uns das so glimpflich überleben ließ."

Leo wog seinen Kopf hin und her, bevor er antwortete: „Es ist sehr gut, dass das Schicksal diese Sache für euch ohne größeren Schaden enden ließ, aber mit Gott hat das nichts zu tun! Wir sprechen immer von einem Allmächtigen, einem Allwissenden, von einem, der uns M-Menschen liebt. Ein Allmächtiger hätte diesen Unfall ja verhindern können – wenn er uns Menschen liebte, sogar verhindern müssen."

„Vielleicht war es nur eine Warnung vor Gedankenlosigkeit oder eine Prüfung unseres Glaubens."

„Was will Gott prüfen? W-Wenn er allwissend ist, muss er uns ja kennen und den Ausgang dieser Prüfung im Voraus wissen. All die vielen unschuldigen Kinder und gläubigen Menschen, die jährlich bei Muren- und Lawinenabgängen, bei Überschwemmungen und Erdbeben qualvoll zu Tode kommen. Wo bleibt da der gütige Gott?"

Nun sagte ich, da ich mich von der Meinungsverschiedenheit zwischen Leo und Eva bis jetzt fernhielt: „Ich habe erkannt, dass Religiosität ein weltweites Phänomen ist. Die verschiedenen Religionen haben aber eines gemeinsam: Sie versprechen den Menschen ein Weiterexistieren nach dem irdischen Leben, vorausgesetzt, sie glauben stark daran. Beim derzeitigen Stand unserer Evolution werden wir die Mysterien unseres Daseins nicht ergründen können – und vielleicht werden sie den Menschen für immer verborgen bleiben. Bei jedem anderen Lebewesen nehmen wir es problemlos hin, dass ihr Geist mit dem Tod des Körpers erlischt; nur beim Menschen erwartet man sich ein Weiterleben in irgendeiner Form. Viele sprechen von einer Seele, die ewiglich existieren soll. Eine Seele braucht aber einen Körper mit seinen Sinnesfunktionen. Sobald der Körper verwest oder verbrennt, verliert die Seele diese Sinne: Sie wird sinnlos!"

Eva konnte durch unsere Ausführungen dennoch nicht überzeugt werden und empfahl einen Kompromiss: „Ich weiß nicht, aber viele Leute finden in Religion Halt und Trost!"

Damit war der Exkurs über Religion beendet und ich erzählte weiter: „Im folgenden Jahr bekam ich einen Anruf einer Agentur, die mir eine sehr lukrative Stelle anbot. Ein Angebot, das ich nicht ablehnen konnte. Mittlerweile, da auch Eva einen gut bezahlten Posten im Controlling gefunden hatte, war ein Autokauf auf unserer Agenda. Ein anderes, ein besseres Auto musste her, da der alte, notdürftig reparierte Austin seine Dienste abgeleistet hatte. Es wurde ein brandneuer roter VW-Käfer 1600er."

„Und dieses neue Auto hast du dann ganz schön malträtiert", sagte Eva. „Du bist, während ich mit unserer kleinen Claudia in Wien zu Besuch war, mit deinem Freund Peter hinauf nach Malawi gefahren."

„Ja, es ging auf Sandstraßen, teilweise über Stock und Stein. Wir mussten über Simbabwe, damals hieß es noch Rhodesien, nach Mozambique, wo wir auf einer Floßfähre den Sambesi überquerten. Von dort ratterten wir über steinige Bergstraßen, bis wir Malawi erreichten. Bei der Einreise in Malawi wurden wir mit etwas Argwohn empfangen, da wir nach der staubigen Anreise nicht wirklich passabel aussahen. Damals sah man langhaarige Hippies in Malawi nicht gerne. Doch schließlich konnten wir das Personal im neu eröffneten Blantyre-Hotel von unserer Harmlosigkeit überzeugen und fanden Unterkunft. Eine Dusche und saubere Kleidung – und alles war bestens. Am nächsten Tag ging es weiter, hinunter zu unserem Ziel, dem Malawi-See. Hier verbrachten wir einige Tage in einem kleinen Hotel, das von einer Grazerin geführt wurde, direkt am riesigen See. Nach diesen erholsamen Tagen brachen wir zur Retourfahrt auf. Wir wollten aber nicht die gleiche Strecke zurückreisen und entschlossen uns, die Strecke über Beira an der Küste zu nehmen. Dieser Versuch wurde jedoch von einem Tropenregen zunichte gemacht. Beinahe wären wir mit unserem VW im Morast stecken geblieben. Dreckig und mit viel Mühe konnten wir den Wagen wieder flottmachen, mussten allerdings eine andere Route nehmen. Ja, im Nachhinein gesehen, war es ein Abenteuer. Abenteuer pur!"

Leo hatte meiner Schilderung interessiert zugehört, lächelte vor sich hin und erwähnte: „Hm, ... damals warst du noch sehr jung, ... nicht mal dreißig. Da machen solche Abenteuerreisen noch viel Spaß."

„Gewiss, es ist auch schön, alte Fotos und Filme anzusehen. Wenn du nächstes Mal kommst, können wir dir, wenn es dich nicht langweilt, ein paar Filme zeigen. Ich habe einige Sachen von früher im Archiv. Die Qualität ist nicht sehr gut, aber damals gab es nichts Besseres. Oh, ja, ich habe auch einen Film über die Mondlandung der Apollo 11. Diesen Film konnte man seinerzeit in Johannesburg kaufen. ‚The eagle has landed!' ist uns noch gut in Erinnerung, denn der Spaziergang von Neil Armstrong auf dem Mond fand am 24. Juli 1969 statt – das war an unserem vierten Hochzeitstag."

Eva lachte und meinte: „Ja, das war unser vierter Hochzeitstag. Weißt du, Leo, an unseren dritten erinnert sich mein Mann nicht so gerne.“

„Wieso denn das? Was ist passiert?“

„Na, das soll dir Erich besser selbst erklären.“

„Also, … ich wusste, dass es unser Hochzeitstag war und nahm mir vor, am Abend nach der Arbeit im Blumengeschäft bei der Bushaltestelle einen schönen Strauß zu kaufen. Am Weg zur Haltestelle begleitete mich mein Arbeitskollege und erzählte mir etwas, ich weiß jetzt nicht mehr, was es war, aber so ganz im Gespräch vertieft stiegen wir in den Bus und … der Bus fuhr los. Aus dem Fenster blickend sah ich das Blumengeschäft aus meinen Augen entschwinden. Um Gottes willen; zu spät! Was sollte ich tun? Gute Miene zu bösem Spiel machen? Ich überlegte: Hier kann nur ein Scherz helfen. Als ich die Straße zu unserer Wohnung hinaufging, kam mir Eva freudenstrahlend entgegen und ich rief: ‚Überraschung, Überraschung! Alles Gute zum Hochzeitstag. Ich hab dir nicht mal Blumen gebracht!‘ Naja, dieser Scherz kam nicht so gut an. Bis heute höre ich noch davon.“

„Erich, ein grober Fauxpas. Ich denke, der ist dir kein zweites Mal passiert.“

„Nein, nein, Gott sei Dank nicht.“

Eva zwinkerte und sagte: „Ich habe ihm schnell verziehen; dafür gab es für Erich bald eine Überraschung. Ich war bei einem Immobilienmakler, der mir ein Haus angepriesen und für mich eine Besichtigung arrangiert hatte. Als ich das Haus gesehen hatte, war ich sofort begeistert. Ein großes Wohnzimmer nach Norden ausgerichtet – das ist in Südafrika die Sonnenseite –, drei Schlafzimmer, Bad,

Küche mit allen Geräten, Abstellkammer und Vorraum. Alles sauber gepflegt. Draußen ein Vorgarten, ein Hof mit einem kleinen Nebengebäude und ein Garten mit Schwimmbecken. Ich war verliebt in dieses Objekt! Nun musste ich meine Begeisterung aber auf meinen Mann übertragen. Ich muss ehrlich sagen: Es war dann leichter, als ich dachte! Wir, der Makler, Erich und ich, trafen uns am Abend beim Haus. Ein junges Ehepaar, das aus beruflichen Gründen an die Küste ziehen wollte, führte uns durch ihr Heim und versuchte, alle Vorzüge des Objekts ins rechte Licht zu rücken. Ich hatte das Haus zuvor schon gesehen und betrachtete Erich von der Seite, der stumm und, wie mir schien, unbeteiligt, auf und ab ging. Doch plötzlich wandte er sich mir zu und sagte ganz ruhig: ‚Gefällt mir; wenn es dir recht ist, können wir den Vorvertrag gleich unterschreiben.' Ja, so lief es! Der Preis passte. Wir bekamen einen Bankkredit und hatten das Haus gekauft."

Schmunzelnd erwähnte ich: „Das war das erste Mal, dass wir etwas kauften, das wir nicht bar bezahlen konnten. Das störte mich ein wenig, denn als Kind der Nachkriegszeit hörte ich in meinem Innersten die Ermahnung meiner Mutter: ‚Bub, mach keine Schulden!' Dadurch, dass sowohl Eva als auch ich recht gut verdienten, konnten wir die monatlichen Rückzahlungen ohne Schwierigkeiten bestreiten. Doch als mich der Anruf eines Bekannten, der ein grafisches Studio leitete, erreichte, in dem er mich bat, über ein Wochenende auszuhelfen, da er durch Krankheit eines Angestellten in Terminschwierigkeiten geraten war, konnte ich nicht Nein sagen. So werkten wir im Studio zu dritt an einem Werbeprojekt für ein großes Möbelhaus. Dieser Studiomanager trug im Hippiestil Koteletten, einen Bart, hatte ein Stirnband, welches sein langes Haar zusammenhielt und war ein Fan von Rockmusik. Da zuvor gerade das Woodstock-Festival ‚Drei Tage Frieden und Musik' in den USA stattgefunden hatte, hörte ich während der Arbeit vom Tonband Jimi Hendrix, Janis Joplin und Joe Cocker von früh bis spät und wurde mit lauter, sehr lauter Musik von der Band ‚The Who' beschallt. Nach diesem Wochenende war ich zwar fast taub, aber die ansehnliche Gage entschädigte mich für einen Beinahe-Hörsturz."

Eva meldete sich nun energisch zu Wort. „Hey, Erich, wir haben jetzt die ganze Zeit von unseren Erlebnissen berichtet. Glaubst du nicht, dass Leo das schon etwas langweilt?" Und zu Leo gewandt sagte sie: „Erich hat mir zwar einiges berichtet, was du ihm erzählt hast, aber es würde mich von dir selbst interessieren, was in deinem Leben geschehen ist."

„Hm, … In der Schule – das kann Erich gewiss bestätigen – war ich nie besonders erfolgreich. W-Wahrscheinlich, weil mich der Stoff nicht besonders interessierte und ich, das muss ich zugeben, zu allen möglichen Blödeleien neigte. Erst in der Berufsschule hatte ich gute Noten. Ja, dort fand ich Sachen, die ich auch in der Praxis in unserem Betrieb anwenden konnte. Das machte mir Spaß und ich habe sogar mit Vorzug abgeschlossen. Ich besuchte Kurse, um mich weiterzubilden. Plötzlich ist mir, wie man so sagt, der Knopf aufgegangen. Ich wollte dann sogar die M-Matura per Fernkurs machen – das ging aber nicht gut. Ich war achtzehn, wollte ausgehen, Mädchen kennenlernen. Die Ablenkung war zu groß. Sicher war ich selbst schuld."

Leo machte eine Pause, holte tief Luft und sagte mit verzerrtem Gesicht: „Dann lernte ich Karin kennen. Wir kannten uns erst kurz … und Karin wurde schwanger; ungewollt, unvorbereitet! Das passte so gar nicht in unsere Pläne; und wie es damals war: Ein schwangeres Mädel musste, um den Anstand zu wahren, geheiratet werden. Leider war die ganze Angelegenheit eine totale Katastrophe. W-Wir stritten und haderten fast täglich. Die Geburt unseres Sohnes konnte keine Besserung in unsere Ehe bringen. Nach knapp drei Jahren reichte Karin die Scheidung ein; … und das war's dann! Sie zog aus, nahm das Kind mit und ich war wieder allein. K-Karin ist mittlerweile verstorben und zu unserem Sohn, den sie offensichtlich beeinflusst hatte, habe ich jeglichen Kontakt verloren. Ich habe keine Ahnung, wo er ist."

Eva schüttelte den Kopf und sagte: „Das muss schlimm sein, wenn man zum eigenen Kind den Kontakt verliert."

„Naja, so schlimm ist es nicht. Da unser Sohn bei der Trennung noch so klein war, habe ich nie eine richtige väterliche Beziehung aufbauen können, daher war alles doch einigermaßen erträglich."

„Schrecklich! Ich wäre verzweifelt gewesen, wenn mir jemand mein Kind vorenthalten hätte."

„Ich musste es so nehmen, wie es ist, und k-konnte mich durch meine Aufgabe in unserem Betrieb ablenken. Nachdem meine Eltern in kurzer Folge verstorben waren, lag die volle Verantwortung des Unternehmens in meinen Händen. Und dem Betrieb ging es gut." Leo schloss kurz die Augen und leise, fast unhörbar, sagte er: „Das war die Zeit, als ich Frieda kennenlernte … Frieda, meine große Liebe. F-Frieda, die Tochter der Rössners. Erich, vielleicht erinnerst du dich: die große Gärtnerei in Donaufeld, das waren die Rösners." Leo nahm seine Mappe auf den Schoß und mit raschen beidhändigen Strichen zauberte er das Portrait einer jungen Frau aufs Papier, reichte die Zeichnung über den Tisch und sagte: „So sah sie aus! M-Meine Frieda. Aber das ist lange her. Damals war sie achtzehn Jahre."

„Sie scheint ein sehr hübsches junges Mädchen gewesen zu sein", warf Eva ein.

„Ja, das war sie! Damals war ich bei den Rösners noch gern gesehen. Als es aber zum Zusammenbruch meiner Firma kam, als ich durch meine Leichtgläubigkeit alles verlor, verlor ich auch meine große Liebe. Meine Mittellosigkeit sprach sich herum und plötzlich war ich bei den R-Rösners nicht mehr willkommen. Die Familie übte Druck aus und Frieda, sie war ja noch so jung, konnte dem Elternhaus nicht standhalten. Der Tag, als mir Frieda die Trennung bekannt gab …", Leo bedeckte mit seinen Händen beide Augen, „… dieser Tag war der schlimmste in m-meinem Leben."

Es war still im Raum. Niemand wagte, Leos Kummer zu stören. Doch dann nahm er die Hände von seinen Augen und stellte mit gebrochener Stimme fest: „Schließlich heiratete sie einen Geschäftsmann."

Eva und ich warfen einander betroffene Blicke zu. Leo schüttelte seinen Kopf, als wollte er böse Geister vertreiben, und stellte fest: „Das Schicksal geht oft seltsame Wege!" Doch nach einer kurzen Pause setzte er fort: „So, - aber jetzt lasst mich noch ein wenig an euren Erlebnissen teilhaben. Ihr habt sicher noch einiges in Afrika erlebt. Ja, und vor allem, warum ihr nach Österreich zurückgekehrt seid und wie es euch nach der Rückkehr ergangen ist. Das ist alles interessant, zumindest für mich."

Eva war froh, dass Leo ersuchte, das Thema zu wechseln, und erwähnte: „Unsere Tochter war schon vier Jahre und es kam zur Überlegung, ob ein Geschwisterchen für sie nicht angebracht wäre. Erich war zwar ein Einzelkind, aber in meiner Familie waren wir drei Mädchen und ein Junge. Unsere Entscheidung fiel: Wir wollten noch ein Kind. Ja, und bald war ich schwanger. Wir verbrachten noch einen Urlaub in der Nähe von Kapstadt. Erich fuhr mit unserer Tochter Claudia mit dem VW-Käfer die Strecke von 1400 Kilometer durch die Karoo-Wüste in zwei Etappen, während ich, mit meinem dicken Bauch, einen angenehmen Flug hatte. Kapstadt ist eine faszinierende Stadt mit dem Tafelberg als Panorama und dem quirligen Leben in der City. Aber auch die nähere Umgebung mit den schönen Stränden und den vielen Weinbaugebieten ist sehenswert.

Ausgeruht und braun gebrannt kamen wir zurück nach Johannesburg. Ich erinnere mich noch, dass wir im Civic Theater ein Konzert von Udo Jürgens besuchten, wo ihm begeisterte Fans Rosen zuwarfen. Es war noch Sommer, doch bald kam der kurze Winter in Johannesburg. Man darf nicht vergessen, Johannesburg liegt mit mehr als 1700 Metern im zentralen Hochland. Es wurde kalt, in den Nächten sehr kalt. Richtiges Hochdruckwetter: Tagsüber war es sonnig und nachts eiskalt. Und in einer dieser kalten Nächte bekam ich Wehen, und ich wusste, es ist so weit. Erich brachte mich ins Marymount Hospital zur Entbindung."

Ich unterbrach Evas Bericht nun mit den Worten: „Oh ja, Eva hatte Wehen, sie wurde in den Kreissaal gebracht. Im Wartesaal war ich allein, ich war nervös, auf einem Tischchen lagen zwei Zeitschriften: eine medizinische Fachzeitschrift und ein Heft des südafrikanischen Automobilklubs. Puh, wie interessant! Der Gynäkologe bot mir an, auf einem winzigen Monitor die Geburt verfolgen zu können, was ich dankend ablehnte. Wahrscheinlich war ich auch zu feige, aber ich wollte meine Frau nicht leiden sehen. In den Kreissaal durfte man damals nicht. Die Zeit wollte nicht vergehen. Doch dann – es erschien mir wie die Ewigkeit – kam der Arzt aus dem Kreissaal und sagte: ‚Ihrer Frau geht es gut. Alles in Ordnung. Herzlichen Glückwunsch zu Ihrem Sohn!'

Am 3. Juli 1971 wurde unser Sohn geboren. Nach unserer Tochter das zweite Kind, ein Sohn! Nun hatte ich das Lebensziel erreicht. Man sagt doch: Ein Mann muss ein Haus bauen, einen Baum pflanzen und einen Sohn zeugen! Naja, das Haus habe ich nicht selbst gebaut, aber beim Baum und beim Sohn bin ich mir schon einigermaßen sicher."

Eva fiel mir nun ins Wort: „Da kannst du sicher sein! Deinen Sohn kannst du nicht verleugnen. Bevor unsere Kinder geboren wurden, haben wir schon jeweils nach Namen gesucht. Bei unserer Tochter waren wir uns gleich einig: Sie war in Italien gezeugt worden und deshalb bekam sie den Namen Claudia Angela. Bei unserem Sohn waren wir nicht gleich einig. In Erichs Familie bekam Erichs Vater den Namen Karl nach dessen Vater – und in meiner Familie ging es nach demselben Schema. Mein Vater hieß Othmar und mein Bruder detto. Das wollten wir aber nicht und um keine der Familien zu brüskieren, einigten wir uns auf die englischen Namen Steven John für unseren Sohn. Womit wahrscheinlich, außer uns, so keiner ganz glücklich war."

Leo bemerkte daraufhin: „Früher war das bei uns recht häufig, dass Väter ihre Söhne nach ihnen benannt haben. Bei mir war das nicht ganz so, mein Vater hieß Ludwig; da stimmen nur die Initialen.“

Nun holte ich aus dem Schrank zwei Schalen und füllte die eine mit Rohscheiben und die andere mit Nüssen, wobei ich Leo aufforderte, zuzugreifen. Leo griff sich eine Nuss und sagte nachdenklich: „M-Mein Sohn, … mein Sohn heißt R-Robert. Karin fand diesen Namen schön. Robert Lemberger, wo immer er sein mag.“ Leo starrte auf den Tisch und sagte dann leise vor sich hin: „Frieda, … sie hat ihren Sohn auf den Namen Leopold taufen lassen.“

Um das Gespräch auf eine andere Ebene zu heben, begann ich zu berichten: „Im folgenden Jahr bekamen wir Besuch. Erst von meiner Mutter und dann sechs Monate später auch von Evas Eltern. Wir hatten im Haus nun genügend Platz, um Gäste zu empfangen. Durch einen weiteren Firmenwechsel mit einer dementsprechend höheren Besoldung waren wir auch finanziell gut abgesichert. Auch Eva wechselte ihren Job und übernahm die Buchhaltung und das Management einer Autowerkstätte mit angeschlossener Tankstelle.“

Eva fügte hinzu: „Ja, das war eine interessante Erfahrung, doch schließlich gelang es mir, in einem großen amerikanischen Konzern Fuß zu fassen, wo ich die Leitung des Finanzwesens als Controller innehatte.“

„Wenn ihr beide voll gearbeitet habt, was habt ihr da mit euren Kindern gemacht?“, wollte Leo wissen.

„Die waren gut versorgt. Claudia war erst im Kindergarten und später dann in der Schule. Der kleine Steven befand sich zuhause in der Obhut unserer schwarzen Perle. Sie war zu den Kindern die verlässliche Ersatz-Oma.

Mit meiner Mutter machten wir eine dreiwöchige Rundfahrt durch Südafrika und mit Evas Eltern waren wir an der Küste in Natal und im Kruger Nationalpark, wo wir auf Fotosafari so ziemlich alle großen Tiere vor die Kamera bekamen."

„Erich, du musst Leo von unseren Partys erzählen", warf Eva ein. „Da ging es oft hoch her."

„Ja, ... mit der Zeit hatten wir einen größeren Freundeskreis aufgebaut und ... da gab's einige recht wilde Partys. Eine dieser Partys ist mir gut in Erinnerung: eine Faschingsparty. Es war Sommer, sehr warm. Ich wollte als Hula-Mädchen gehen. Eva hatte für mich ein Baströckchen genäht; die Lippen bemalt mit knallrotem Lippenstift und als Ohrgehänge hatte ich bunte Luftballons; weiters nichts. So fuhren wir zu dieser Faschingsparty. Es wurde gescherzt, getanzt und getrunken, viel getrunken. Eva hatte schon einiges getrunken und ich hielt mich an Cola mit Brandy. Zu viel Cola mit Brandy. Die Stimmung war gut, der Abend lang, die Luft sehr warm. Sie hatten dort einen schönen Pool und der lud zu einer Abkühlung ein, bevor wir uns auf den Heimweg machten. Ich hatte nur meine Badehose unter dem Baströckchen, das sich, als ich ins Wasser sprang, auflöste. Mit der nassen Hose wollte ich mich nicht ins Auto setzen, daher zog ich sie aus und hüllte mich in ein kleines Handtuch. So setzte ich mich ans Steuer unseres VW und bekam von Eva die Warnung: ‚Fahr bitte vorsichtig! Wenn uns die Polizei aufhält: Du bist betrunken und unter dem Handtuch splitternackt.' Aber es ging gut, wir kamen heil zu Hause an."

„Alkohol kann dem Schicksal in die Hand spielen; mal angenehmes Gefühl hervorrufen, dann wieder b-böses, … ganz, ganz böses Erwachen!“

„Lemmi, da hast du völlig recht; … aber wir waren jung und unbeschwert.“

Da Leo seinen Kopf zweifelnd hin und her wog, fand ich es vorteilhaft, das Gespräch in eine andere Richtung zu lenken. „Die Jahre vergingen und irgendwie hing für uns immer die Entscheidung im Raum: In Südafrika bleiben oder zurück in die Heimat? Auch Kanada und Australien waren in unseren Überlegungen. Wir machten uns Listen, in denen wir die Vorzüge und Nachteile der jeweiligen Länder anführten. Aber auch das führte zu keiner eindeutigen Erkenntnis. Wir hatten Verantwortung zu tragen, nicht nur für uns selbst, sondern auch für unsere Kinder.“

„Offensichtlich habt ihr euch für die Rückkehr nach Wien entschieden“, warf Leo ein.

„Ja, die Entscheidung fiel bei einem Gespräch mit einer deutschen Familie. Die Leute erzählten uns, dass sie nach Deutschland zurückkehren wollen, aber ihre achtzehnjährige Tochter weigert sich mitzukommen, da sie ihren Boyfriend und all ihre Freundinnen hier in Johannesburg habe. Drüben in Deutschland kenne sie niemanden. Das gab uns zu denken und erhöhte den Zeitdruck für unsere Entscheidung. Noch waren unsere Kinder jung genug, um einen Neustart zu wagen, jedoch war zu bedenken, dass, je älter die Kinder bei einer Rückkehr wären, desto schwieriger es für sie werden würde, in der Schule mit dem doch ganz anderen Lehrplan in Wien zurechtzukommen. Auch ein anderer Aspekt mahnte zur Vorsicht: Nach dem Abzug der portugiesischen Kolonialmacht aus Angola herrschte dort ein Bürgerkrieg, bei dem auch kubanischen Söldner mitmischten. Die Südafrikaner befürchteten die Errichtung eines marxistischen Systems in ihrer Nachbarschaft und sandten Truppen an die Grenze, wobei es oftmals zu ernsthaften Kampfhandlungen kam. Da nun unser Sohn durch seine Geburt neben der österreichischen auch die südafrikanische Staatsbürgerschaft besitzt, wäre es möglich gewesen, wenn wir in Afrika sesshaft geworden wären, ihn später einmal zum Militärdienst einzuberufen. Das wollten wir sicher nicht; und nach gründlicher Überlegung war unsere Entscheidung zur Rückkehr nach Wien gefallen."

„Habt ihr eigentlich in Johannesburg auch Nachrichten in den Medien aus Österreich bekommen?", wollte Leo wissen.

„Von Österreich hörten wir nur wenig und nur dann, wenn wir von den Eltern einen Brief erhielten. Dass Bruno Kreisky die absolute Mehrheit errang und Kurt Waldheim Generalsekretär der Vereinten Nationen wurde, drang zu uns durch. Auch von der Watergate-Affäre um Nixon lasen wir. Allerdings nahmen hier die Sportberichte weitaus größeren Raum ein. Vom Boxkampf zwischen Muhammad Ali und George Foreman sowie vom Sieg der deutschen Fußballer bei der WM gab es Meldungen. Die Zeitungen und die Radioberichte waren aber mehr auf lokale Ereignisse konzentriert. Cricket, Tennis und auch der Nationalsport Rugby waren allgegenwärtig. Die ersten Fernsehausstrahlungen gab es jedoch erst seit 1975; und diese nur stündlich abwechselnd in Englisch und Afrikaans; ein Programm für die schwarze Bevölkerung existierte damals noch nicht."

Dann überlegte ich kurz und fügte hinzu: „Ja, und 1975 flogen wir nach Wien, um die Lage für unsere Rückkehr zu sondieren. Ein eigenartiges Gefühl machte sich bei mir breit. Auch Eva ging es so. Vieles kam uns so ganz anders vor, als wir es in Erinnerung hatten, als wir 1965 Wien verließen. Manches war moderner: Es gab nun zwei große Shopping-Center und einige hohe Gebäude, andererseits kamen uns die Häuser in den Randbezirken so alt und klein vor. Die Preise und Gehälter hatten sich während unserer langen Abwesenheit geändert, jedoch, wenn man nachfragte, wollte niemand sein Gehalt preisgeben. Die Leute sprachen von Sachen und von Sportlern, deren Namen uns nicht bekannt waren. Mit diesem vagen Gefühl fuhren wir zurück nach Johannesburg."

„Aber eure Entscheidung zur Rückkehr nach Wien stand doch schon fest?"

„Ja, ja – daran wollten wir nun nicht mehr rütteln. Zwar nicht der Rubikon, sondern die Donau war überschritten worden, aber: Die Würfel waren gefallen! Wir machten uns für den Abschied von Südafrika bereit."

„Ich kann mir schon vorstellen, dass es nicht leicht war, einen Haushalt, den ihr nun über Jahre aufgebaut habt, aufzulösen."

„Unser Haus war nicht lange am Markt. Es war gut gepflegt und durch die ruhige Lage ziemlich schnell verkauft. In sechs schweren Stahlkisten verstauten wir die wichtigsten Sachen, die wir mit nach Europa nehmen wollten. Den Rest verschenkten wir. Für ein paar Monate, bis zum Termin unserer Abreise, mieteten wir uns in einer Siedlungswohnung ein. Am 10. Mai 1976 war es dann soweit."

„Wie habt ihr diese vielen Kisten befördern lassen? Als Fracht im Flugzeug muss das doch immens teuer gewesen sein."

„Nein, nein, Leo. Wir sind nicht mit dem Flugzeug abgereist. Wir wollten die Rückfahrt so angenehm wie möglich gestalten und haben deshalb eine Schiffsreise gebucht, bei der wir die Kisten mitnehmen konnten. Ich habe ganz vergessen, zu erwähnen, dass unsere Bekannten, Ursula und Albert, auch mit uns die Rückreise nach Europa antraten. Erst ging's mit dem Zug von Johannesburg an die Küste nach Durban. Zwei Tage später war die Einschiffung in der ‚Europa', in einem Passagierschiff, das unter italienischer Flagge der Lloyd Triestino ihre letzte Fahrt von Afrika nach Europa machte. Du darfst nicht glauben, dass das ein Luxuskreuzer war, wie sie heutzutage durch die Meere segeln. Nein, nein; die ‚Europa' war ein Schiff, das zum letzten Mal diese Route fuhr, ausgedient hatte und nachher als Frachtschiff an ein arabisches Land verkauft werden sollte. Mit viel Trara und Wehmut verließen wir am 12. Mai 1976 Durban. Unsere Reise sollte uns in drei Wochen nach Italien bringen. Gleich am ersten Tag hatten wir hohen Seegang, der eine dementsprechende Reaktion bei vielen Passagieren auslöste. Ich habe mich zwar nicht übergeben, aber so richtig wohl war mir nicht. Jedenfalls fand ich es angebracht, den Speisesaal zu verlassen und mich an Deck in die frische Luft zu begeben."

„Oh, um Himmels willen! Das wäre nichts für mich. Mir w-wird schon schlecht, wenn ich daran denken."

„Die Route führte uns von Durban nach East London, weiter nach Port Elizabeth und Kapstadt, wo wir je einen Tag Aufenthalt hatten. Die Walvis Bay, die damals noch zum südafrikanischen Territorium gehörte, war unser nächster Stopp. Hier wurden Reparaturen am Schiff durchgeführt, was uns die Möglichkeit gab, beim nahen Swakopmund einen Abstecher in die Namib-Wüste zu machen. Nach diesem Aufenthalt ging es auf eine lange zehntägige Etappe auf dem Atlantik. Um die Passagiere bei Laune zu halten, wurden uns verschiedene unterhaltsame Spiele an Bord geboten. Die Stimmung war gut; wir lernten auf dem Schiff Leute kennen, die wir bis heute noch zu unseren Freunden zählen. Es wurde viel gelacht, gescherzt und die obligate Äquatortaufe wurde zu einem recht turbulenten Ereignis. Sowohl unsere Kinder als auch wir Erwachsene hatten unseren Spaß. Sport, Schwimmen im Pool, Faulenzen und abends einen Drink an der Bar: Damit ließ sich gut reisen! Nach der langen Fahrt auf Hoher See erreichten wir Teneriffa. Im Hafen befand sich gerade das Segelschulschiff Gorch Fock der Deutschen Marine. Endlich wieder Landgang mit etwas wackeligen Beinen. Bald ging die Reise weiter: Einfahrt bei Gibraltar ins Mittelmeer. Der nächste Hafen, den wir anliefen, war Barcelona. Barcelona mit der wunderschönen Flaniermeile Las Ramblas. Eine Seilbahn brachte uns hinauf auf den Berg, von dem wir eine ausgezeichnete Sicht auf die Stadt und den Hafen hatten. Der folgende Tag führte uns bei Nebel durch die Straße von Messina vom Tyrrhenischen zum Ionischen Meer und weiter durch die Adria in Richtung Venedig. Da der Großteil der Passagiere aus Rückreisenden bestand, wovon die meisten noch nicht wussten, wann und wie sie Arbeit und Wohngelegenheit in der Heimat finden würden, war die Stimmung plötzlich recht gedämpft.“

„Das kann ich mir gut vorstellen. Wenn man so lange von der Heimat getrennt war, ist das wahrscheinlich wie ein kompletter Neuanfang.“

„Lemmi, da hast du recht. Es war ein eigenartiges Gefühl, das sich auf mein Gemüt legte. Doch noch einmal sollten wir dies alles kurz vergessen: Venedig, die romantische Stadt, die Serenissima, nahm uns in ihren Bann. Wir besuchten den großen Dom am Markusplatz, wanderten durch die engen Gassen, sahen den Gondolieri zu, die Touristen, von italienischen Gesängen begleitet, durch die Kanäle ruderten, und nahmen ein Vaporetto, das uns auf einer Fahrt durch den Canale Grande führte. Dabei hätten wir beinahe die Zeit übersehen, die notwendig war, um zeitgerecht zum Ablegen unseres Schiffes zu kommen, doch mit Müh und Not schafften wir es. Die letzte kurze Etappe, noch eine Nacht und dann war nach drei Wochen an Bord unser Ziel der Schiffsreise erreicht. Am frühen Vormittag landeten wir in Triest zur Ausschiffung.“

„Seid ihr froh gewesen, endlich am Ziel angekommen zu sein?“

„Ja und nein. Triest war zwar das Ende der Schiffsreise, aber wir mussten von dort noch bis Wien kommen. Unsere Seekisten ließen wir zum Bahnhof bringen und buchten auch gleich für uns die Zugfahrt nach Wien. Auf die Abfahrt des Zuges wartend, saßen wir wie Flüchtlinge mit unseren Habseligkeiten am Bahnsteig, wobei mir schwere Gedanken durch den Kopf gingen, die ich mit unpassenden Scherzen zu verdrängen versuchte. Wie viel leichter war es doch damals für mich, mit kleinem Gepäck unbeschwert auszuwandern, als nun nach fast elf Jahren mit Frau, zwei

Kindern und sechs Seekisten in eine ungewisse Zukunft zurückzukehren. Die Verantwortung lastete schwer.“

Eva, die bisher nur meinen Ausführungen zuhörte, meinte nun: „Leo, glaub mir, wenn ich auch ruhig wirke, damals war ich von der unsicheren Situation innerlich so aufgewühlt und nervös, dass ich mich zwingen musste, klar zu denken und pragmatisch zu agieren. Nach der Ankunft am Südbahnhof wurden wir von meinen Eltern abgeholt und erstversorgt. Und weißt du, was das Erste war, das unsere Verwandten uns fragten: ‚Haben sie euch fortgejagt? Ihr seid gerade noch zur richtigen Zeit von Südafrika fort.‘ Vom Schüler-Aufstand und den anschließenden Unruhen in Soweto im Juni bekamen wir aber gar nichts mit. Da waren wir bereits mit dem Schiff unterwegs – und vorher hatten wir nie von Schwierigkeiten gehört. Es war nun Mitte Juni 1976. Hermann, ein Freund von Erich, hatte einen VW-Bus und war bereit, unsere Kisten, die vorerst durch den Zoll mussten, vom Bahnhof zu meinen Eltern zu bringen. Ich weiß nicht, ob du Hermann kennst. Er hat früher auch in der Meißnergasse gewohnt.“

„Nein, tut mir leid. Damals habe ich dort noch nicht gewohnt.“

„Wir zogen in die leerstehende Wohnung von Erichs Mutter, die schon vor einiger Zeit zu ihrem Lebensgefährten gezogen war. Die Wohnung hatte ungefähr 42 Quadratmeter und bestand aus einer Wohnküche, einem Schlafzimmer, einem WC und einer kleinen Waschkammer. Kein Bad, keine Dusche – und wir waren zu viert! Du kannst dir vorstellen, wie eng das für uns war; für uns, die wir unser großes Haus gewohnt waren.“

„Ich weiß, ich wohne derzeit in einer ähnlichen kleinen Wohnung. Allerdings ist sie jetzt auf den heutigen Stand gebracht worden."

„Vorerst mussten wir mit den beengten Verhältnissen zurechtkommen", sagte Eva und blies die Luft aus.

Nun nahm ich das Gespräch wieder auf und sagte: „Eine wichtige Sache war nun, Arbeit zu finden. Ich trat in Kontakt zu einem früheren Kollegen, den ich von meiner Berufsschulzeit kannte und von dem ich wusste, dass auch er, wie ich, als Retuscheur ausgebildet war. Für mich war er eine große Hilfe, denn er verschaffte mir einige Arbeiten und gab mir außerdem Namen von Werbeagenturen, mit denen ich in Verbindung treten konnte. Bald konnte ich die ersten Aufträge verbuchen. Der Anfang war geschafft!"

Eva setzte nun fort: „Es war Juni, und obwohl es nur mehr zwei Wochen zu den Schulferien waren, musste unsere Tochter sofort eingeschult werden, da ja für sie Schulpflicht bestand. Für unseren Sohn fanden wir bald einen Kindergarten. Ich selbst hatte das Glück, eine gut dotierte Stelle in einem amerikanischen Konzern, der eine Niederlassung hier in Wien hatte, gefunden zu haben. Da ich schon in Johannesburg bei einem amerikanischen Unternehmen tätig war, wusste ich genau, welche Anforderungen von mir erwartet wurden, und war nun im Management-Team als Controller mit der Leitung der Finanzabteilung betraut."

Leo führte seine Hand zur Stirn und sagte: „Ihr seid also 1976 nach W-Wien zurückgekehrt. Das war doch … oh ja, das war doch das Jahr, in dem am 1. August die R-Reichsbrücke eingestürzt ist."

„Ja, da waren wir schon da“, sagte ich. „Es war an einem Sonntag, früh am Morgen, als ich es in den Nachrichten hörte. Ich konnte es nicht glauben. Die Brücke, über die ich so oft gefahren, ein paarmal sogar spaziert bin, soll eingestürzt sein? Erst als ich die Berichte im Fernsehen gesehen hatte, erkannte ich die erschreckende Tatsache. Zum Glück gab es dabei nur ein einziges Opfer, denn wäre der Einsturz zu einer anderen Tageszeit oder gar an einem Wochentag geschehen, es wäre kaum vorstellbar, wie viele Tote es dann gegeben hätte. Hmm … und das war an diesem Tag ja nicht alles: Am Nachmittag hatte Niki Lauda den fürchterlichen Feuer-Unfall am Nürburgring, wobei er beinahe verbrannt wäre und nur mit viel Glück überlebte.“

„Glück oder Unglück“, meinte Leo nachdenklich. „Niemand weiß, was das Schicksal für dich bereithält.“

„Wir hatten offenbar viel Glück“, antwortete ich, „denn wir fanden in kurzer Zeit diese schöne Wohnung in Leopoldau. Vorerst fuhr nur die Straßenbahn hierher, aber jetzt gibt es die U-Bahn, die Schnellbahn und den Bus gleich um die Ecke. Es gab nun für jedes Kind ein eigenes Zimmer und, was uns wichtig war, auch ein Badezimmer. Die Küche, du hast sie vielleicht gesehen, ist so großzügig, dass ich mir dort einen guten Arbeitsplatz einrichten konnte.“

Während Leo meiner Schilderung zuhörte, konnte er nur mit Mühe ein Gähnen unterdrücken und sagte schließlich: „Bitte seid mir nicht b-böse, aber in letzter Zeit werde ich so schnell m-müde. Ich glaube, ich habe eure Zeit schon lange genug in Anspruch genommen. Es interessiert mich zwar sehr, von euch noch mehr zu erfahren, aber vielleicht können wir uns b-bald wiedersehen. Bei mir zu Hause kann ich euch nicht empfangen, da ich weder genug Geschirr besitze noch, Eva, über deine Kochkünste verfüge. Aber wenn es euch r-recht ist, würde ich euch gerne in ein Gasthaus einladen, wo wir p-plaudern können. Ihr habt sicher noch viel zu erzählen."

„Ja", sagte ich, „aber es macht uns keine Mühe, wenn du wieder zu uns kommst. Natürlich würden wir gerne mehr von dir erfahren, wie du die Jahre verbracht hast, in denen wir im Ausland waren."

„Gut, gut – aber ich möchte euch lieber in ein Lokal einladen. Es wird mir eine Ehre sein. N-Nächste Woche habe ich noch zwei Arzttermine, aber wenn es euch recht ist und ihr Zeit habt, würde ich den 17. November vorschlagen. Das wäre dann nächsten Sonntag. Das Lokal und die Uhrzeit sage ich euch noch v-vorher; ich rufe euch an. Erst muss ich eines im Bezirk aussuchen und dort b-buchen."

„Ok, Lemmi, wenn du darauf bestehst; uns soll es recht sein. Wir sind in Pension und haben am Sonntag sicher Zeit für ein Treffen."

Leo holte seine rote Mappe herbei und fragte: „Entschuldigung, darf ich noch ein paar Skizzen von euch beiden machen? Setzt euch bitte nebeneinander!"

Damit nahm Leo einige A4 Blätter aus der Mappe und mit blitzschnellen Strichen fertigte er beidhändig mit seinen zwei Kugelschreibern mehrere Portraits von uns beiden. Eines davon überreichte er Eva und bedankte sich vielmals für den interessanten Abend. Das Angebot von mir, ihn mit dem Auto nach Hause zu bringen, lehnte Leo ab: „Ich bin mit der U-Bahn hier; es sind nur fünf Stationen. Recht lieb, aber vielen Dank!"

Mit einer höflichen Verbeugung und seiner roten Mappe unter dem Arm, verließ uns Leo.

Donnerstag, 14. November 2019

Leopold Lemberger – unser Leo – hatte an diesem Tag zwei für ihn sehr wichtige Dinge zu erledigen: Er musste erst eine rote Mappe zum Postamt bringen und dann einen am Vorabend geschriebenen Brief persönlich deponieren.

Meine Frau war soeben zum Einkaufszentrum unterwegs, um die wöchentlichen Besorgnisse zu tätigen, während ich mich darum kümmerte, den Hausmüll zu entsorgen, als ich am Rückweg im Postkasten einen Brief vorfand; unfrankiert, am Kuvert stand mit einem Kugelschreiber in zittrigen Blockbuchstaben gekritzelt: *„FÜR ERICH"*

Ich überlegte und ahnte: Das ist die Handschrift von Lemmi! Aber warum hatte er diesen Brief heimlich in den Postkasten gesteckt? Ich ging ins Wohnzimmer, öffnete voll Neugier das Kuvert und begann zu lesen.

Lieber Erich, mein Freund,

verzeih mir, aber unseren nächsten Termin werde ich nicht wahrnehmen können. Gestern war ich wieder im Spital und es wurde mir mitgeteilt, dass mein Prostatakarzinom Metastasen gebildet hat, die sich in den Lymphknoten ausgebreitet haben. Die Bestrahlungen haben zu keiner Besserung geführt. Es ist abzusehen, unter welch üblen Umständen mein Leben enden wird, und ich weiß, dass ich nicht bereit bin, diesen schweren Verlauf zu ertragen.

Eine Angelegenheit, die mich nun schon viele Jahre quält und von der bisher niemand erfahren hat, möchte ich dir anvertrauen. Es ereignete sich in Kagran an jenem Abend, an dem mich meine Freundin Frieda verlassen hatte. Für mich war es ein Schlag, der mich so heftig getroffen hatte, dass ich mich ins nächstliegende Gasthaus begab, um meinen Schmerz mit Alkohol zu betäuben. Ja, das tat ich dann auch recht gründlich. Viel würde ich geben, wenn ich es rückgängig machen könnte. Es war schon spät, schon so spät, dass mich der Wirt zur Sperrstunde hinauswarf. Ich wankte zu meinem Wagen und fuhr los. Es waren kaum noch Autos auf der Straße und ich muss einen Sekundenschlaf gehabt haben, als ich den jungen Mann übersah, der den Zebrastreifen überquerte. Warum musste er gerade jetzt, mitten in der Nacht, hier gehen? Ich erwischte ihn mit der rechten Vorderseite des Wagens und war plötzlich hellwach. Und dann tat ich etwas, das ich mir nie verzeihen konnte: Ich stieg aufs Gas und beging Fahrerflucht.

Am folgenden Tag las ich in der Zeitung, dass man einen Autofahrer festgenommen hatte, der anhielt, als er den Mann auf der Straße liegen sah. Beim vergeblichen Versuch das Leben des jungen Mannes zu retten, bekam er seine Hände voll Blut und als er Rettung und Polizei herbeirief, glaubte man seiner Schilderung nicht. Erst nach näherer Untersuchung konnte seine Unschuld bewiesen werden. Ich überlegte, ob ich mich melden sollte; Gewissensbisse quälten mich und quälen mich bis heute – aber ich war und bin noch immer viel zu feige, um der Familie des Opfers gegenüberzutreten und meine Schuld einzugestehen. Ich verkaufte in den nächsten Tagen mein Auto und seither habe ich keinen Tropfen Alkohol mehr angerührt. Erich, du bist der Einzige, dem ich das hier erzähle.

Liebe Grüße an Eva.

Dein Freund Leo.

Den Brief anstarrend, ihn rasch noch einmal überfliegend, beschloss ich ohne weitere Verzögerung: Ich muss Leo sofort anrufen!

Ich nahm mein Handy und wählte Leos Nummer. Besetzt, besetzt, besetzt, kein Freizeichen! Nach einigen Minuten versuchte ich es ein weiteres Mal. Wieder nichts. Nach dem zehnten Versuch gab ich auf, rannte zum Parkplatz, stieg ins Auto und war wenig später in der Meißnergasse. Ich erinnerte mich, dass Leo die Stiege zwei erwähnte. Da war das Namensschild: Lemberger Leopold; Stiege zwei, dritter Stock. Auf den Lift wartete ich nicht. Die Stufen nahm ich im Eiltempo und stand keuchend vor Leos Tür. Ich läutete an der Türklingel; nichts, keine Reaktion. Ich versuchte es mit Klopfen, erst leise, dann immer stärker; keine Antwort von innen. Ich stand vor verschlossener Tür.

Es blieb mir keine Wahl, ich musste unverrichteter Dinge abziehen, begab mich aber sofort zur nächsten Polizeidienststelle, wo ich meine Bedenken, dass meinem Freund etwas zugestoßen sein könnte, bekannt gab. Der Polizeibeamte nahm meine Angaben auf, gab mir aber zu verstehen, dass man, um Aktionen zu starten, etwas ausharren sollte, da sich vermisste Menschen meist innerhalb von vierundzwanzig Stunden von selbst meldeten.

Etwas später versuchte ich noch weitere Male, Leo telefonisch zu erreichen. Immer mit demselben Ergebnis: keine Antwort. Leo war wie vom Erdboden verschluckt. Nun wollte ich nicht mehr zuwarten und begab mich erneut zur Wachstube. Ich gab meine Bedenken nun mit Nachdruck bekannt, mahnte zur Eile. Und siehe da; diesmal ergriffen zwei Polizisten unverzüglich die Initiative. Ein Schlüsseldienst wurde angefordert. Zu dritt fuhren wir zu Leos Wohnung, wo bereits ein Schlosser auf uns wartete. Im Nu hatte er die Wohnungstür geöffnet. Wir gingen durch den kurzen Flur, der in die Wohnküche mündete; ausgestattet mit Leos alten, abgewohnten Möbeln. In der einen Ecke eine Sitzbank, in der anderen der kleine Röhrenfernseher. Alles sauber aufgeräumt. Die Tür zum Schlafzimmer stand offen.

Und dann sahen wir ihn. Leo lag im Bett, voll gekleidet; und ich ahnte, nein, ich wusste sofort: Leo schläft nicht! Am Nachtkästchen lag umgestürzt eine große leere Flasche Obstler-Schnaps, daneben befanden sich zwei aufgebrauchte Packungen Diazepam. Das Zeug kannte ich als Valium-Schlafmittel. Keine Ahnung, woher Leo es hatte.

Ich konnte den Anblick nicht ertragen, wandte mich ab und hörte noch den Polizisten sagen: „Nichts mehr zu machen – der Mann ist tot!“ Die weiteren Vorgänge sind mir nicht mehr klar im Gedächtnis; meine Hände zitterten und Übelkeit befiel mich. Während ein Polizist telefonierte, sah der andere, dass mein Gesicht ganz bleich wurde, und leitete mich sanft aus der Wohnung. Ich wollte nur weg, nach Hause. Nach einigen Fragen, die man mir stellte, und die ich wie in Trance beantwortete, ließen mich die Beamten gehen.

Zuhause angekommen, berichtete ich meiner Frau, die soeben vom Einkauf nach Hause gekommen war, von den Ereignissen der letzten Stunde. Entsetzen war in ihr Gesicht geschrieben. Bisher hatte ich noch niemandem, auch nicht der Polizei, von Leos Schreiben erzählt, gab den Brief aber nun meiner Frau zur Durchsicht. Es ist ungewiss, wie lang wir diskutierten; die Meinungen wechselten hin und her. Wie sollen wir uns verhalten? Sollten wir melden, dass wir erfahren hatten, dass Leopold Lemberger Fahrerflucht begangen hatte? Hatte die Familie des Opfers ein Recht, davon zu erfahren, wer damals der Täter war? Oder ist es besser, nach so langer Zeit nicht wieder Wunden aufzureißen? Sollten wir die Angelegenheit ruhen lassen und Leo die Möglichkeit geben, seine Schuld mit ins Grab zu nehmen? Oder bestand für uns die Pflicht, die Tat aufzuklären? Leos Eingeständnis lastete wie Blei auf unserem Gewissen.

Wir wollten eine Nacht darüber schlafen. Wir grübelten und grübelten, schliefen nicht gut. Doch am nächsten Morgen fällten wir unsere Entscheidung:

Wir kamen überein, dass …

Nun, liebe Leser, überlegen Sie: Wie hätten Sie entschieden?

Mittwoch, 20. November 2019

Auf Anfrage erfuhr ich das Datum von Leos Begräbnis. Der Tag war gekommen. Eva begleitete mich zum Kagraner Friedhof. Da Leos Sohn unauffindbar war und Leo keine weiteren Angehörigen hatte, waren wir die einzigen Trauergäste. Doch als man den Sarg hinaus zum offenen Grab trug, gesellte sich eine in Schwarz gekleidete ältere Dame zu uns. In der Hand hielt sie ein Blatt Papier mit einer Skizze eines mit Kugelschreiber gezeichneten Portraits, das sie, als sie die Schaufel mit Erde auf den Sarg geworfen hatte, langsam ins offene Grab sinken ließ.

Dem Anlass gebührend und meiner Neugier widerstehend, erkundigte ich mich nicht, wer wohl diese Dame sei und in welcher Beziehung sie zu Leo stünde. So unvermittelt sie erschienen war, verschwand sie wieder zwischen den Gräberreihen.

Freitag, 13. Dezember 2019

Mitte Dezember, an einem Wochentag, ging ich in das kleine Papiergeschäft in der Nähe des Donauzentrums, um Papier und neue Patronen für unseren Drucker zu besorgen. Nachdem ich eben für die Sachen bezahlen wollte, sah ich neben der Kasse eine rote Mappe liegen und erkannte sofort: Das ist doch Lemmis Zeichenmappe! Ich ließ den Verkäufer wissen, dass ich diese Mappe gerne kaufen möchte. Doch kaum hatte ich mein Anliegen kundgetan, kam vom Rückraum des Geschäfts eine Dame gelaufen – es war dieselbe Person, die wir am Friedhof gesehen hatten – und rief mit lauter Stimme:

„Diese Mappe ist nicht verkäuflich!" Mit flinker Hand nahm sie die Mappe und verstaute sie unter dem Verkaufspult.

Als ich enttäuscht das Geschäft verließ, wandte ich mich nochmals um und sah, wie Tränen über ihre fahlen Wangen rannen.

Roman von Erich Fuchs

DIE WILLKÜR DES SCHICKSALS

oder

DIE GESCHICHTE DER FAMILIE TULBACH

Die Tudor-Epoche einmal anders.

Der Handlungsstrang des Romans beruht auf der Tudor-Dynastie, jedoch wurde die Erzählung verändert und in die Neuzeit versetzt; ist also keine geschichtliche Abhandlung. Die Familienchronik der Familie Tulbach umfasst die Willkür des Schicksals: Liebe, Enttäuschung, Verbrechen und Tod der handelnden Personen.

Rediroma-Verlag

ISBN 978-3-96103-801-5